초반전술

바둑과 컴퓨터 지음

모르고 바둑 두지 마라

전원문화사

초반전술 모르고 바둑 두지마라

2016년 8월 20일   2판 1쇄 발행

지은이 * 바둑과 컴퓨터
펴낸이 * 남병덕
펴낸곳 * 전원문화사
07689 서울시 강서구 화곡로 43가길 30. 2층
        T.02) 6735-2100 F.6735-2103
E-mail * jwonbook@naver.com
등록 * 1999년 11월 16일   제 1999-053호
        ⓒ 1999, by Jeon-won Publishing Co.

머리말

바둑의 포석과 정석을 통합해야 한다는 목소리가 높아진 것은 최근의 일이 아니다. 1933년 우칭위엔(吳淸源) 선생과 기타니 미노루(木谷實) 선생에 의해 지고쿠타니(地獄谷)의 공동연구결과가 '신포석'이라는 이름으로 발표되기 이전 기타니 선생은 이미 '정석과 포석의 통합'이라는 저서를 구술(口述)중이었다는 기록이 있다. 본질적으로 바둑은 초반과 중반 그리고 종반이라는 분야로 구분하고 있는 것이 통설이지만, 구분하는 데에 있어서 결코 그 연관성을 배제해서는 안 된다는 것이 현재의 정설이다.

마찬가지로 초반의 분야를 정석 따로 포석 따로 나누어 배운다는 발상은 주입식 교육으로 길들여진 한국의 고질병적인 사고가 아닐 수 없다.

우선 정석을 선택함에 있어 3가지 필수적인 요소(선·후수의 여부, 주변상황과 호응 여부, 잔존수단의 여부)가 있다는 견해에 대해 반문하는 사람이 더러 없지는 않을 것이다. 그러나 현대적 감각에 부합하도록 분류한 이 내용은 독자의 정석에 대한 이해에 분명 도움이 되리라 확신한다. 또 포석의 원리를 이해하려면 우선 진영(陣營)의 개념을 이해하지 않고서는 제대로 이해가 곤란하다. 실리나 집이라는 개념만으로 포석을 이해하는 것은 껍데기에 불과하다. 어디까지나 바둑은 초반에 완전한 집이나 실리가 만들어질 수 없으며, 만들 수 있는 것은 울타리일 뿐이다. 이 울타리가 진정한 집으로 만들어지는 과정과 수순을 이해하지 못한다면 기력은 언제까지나 그 자리에서 맴돌게 된다.

진영이 전개와 구축, 확장과 완성의 과정을 가졌다는 인식 자체만으로도 여러분의 초반전술은 현저한 진보를 보일 것이라 믿는다.

바둑과 컴퓨터

초반에 우세 잡는 비법

초반에 유리한 곳을 점령하기 위한 쟁탈전이 치열하다. 유리한 곳은 나에게나 상대방에게나 중요한 곳, 즉 요처(要處)이다. 이 곳을 먼저 두는 쪽이 승리하게 되는데, 그렇다면 요처를 어떻게 찾아야 하나?

1. 초반전술(初盤戰術)이란?

바둑에는 형세(形勢)라는 말이 있다. 형세는 형(形)과 세(勢)의 복합어로 형(形)은 결정지어진 것, 즉 영토(집)를 의미하며, 세(勢)는 아직 영토로 결정되지는 않았으나 공격의 힘을 가지고 있는 상태를 의미한다. 중앙의 가치가 고찰되지 않았던 근대 이전의 바둑은 대부분 형(形)에 의해 주도되어 판단 기준도 사활, 맥 등의 수읽기와 완벽한 집의 형태로 제한되었으나 중앙의 중요성이 대두되기 시작한 현대의 바둑은 형(확실한 실리) 위주의 판단에서 진일보하여 세(勢)에도 형과 동일한 가치를 부여하여 형세판단이라는 바둑의 용어는 이제 실질적인 개념으로 정립되었다.

따라서 현대의 초반전략, 전술의 개념과 가치도 변화되어야 하는 것이 당연한 이치이고 무엇보다도 먼저 개념의 확립과 용어의 정립이 선행되어야 할 것이다. 이 책은 이 부분을 지향하여 현대에 유행하는 바둑 감각에 맞게 초급자도 이해할 수 있도록 꾸며 보았다.

2. 어떤 정석을 선택할 것인가?

① 정석과 포석의 연관성

정석을 선택하기 전에 먼저 정석과 포석의 연관성을 파악하기 위해 염두에 두어야 할 기본적인 원칙이 있는데, 다음의 4가지가 그것이다.

- 정석은 초반의 전술적 갈등의 산물이므로 포석의 수단일 뿐이다.
- 포석은 전술의 승리를 위한 전략적 배치이므로 정석에 우선한다.
- 정석과 포석은 분리해 생각할 수 없으므로 통합, 고찰해야 한다.
- 통합한 개념은 초반전략을 위한 수단이므로 초반전술이라 해야 한다.

② 정석 선택의 원리

정석을 선택하는 데는 필수적으로 다음 3가지 조건을 고려해야 한다.

▪ 선수, 후수의 여부

현대의 바둑은 속도감 있는 기동으로 능률을 추구한다. 따라서 부분적으로 다소 불리해도 선수형 정석을 선호하고 있다. 그러나 주변과 호응하지 않으면서까지 선수형 정석을 고집하는 사고는 곤란하다.

▪ 주변과 호응하는가의 여부

현대의 바둑은 폭넓은 사고를 요구한다. 부분적인 이득이 전체적인 배치에 역행된다면 그 정석은 선택의 가치가 없다.

▪ 잔존(殘存)수단의 여부

현대의 정석은 예전처럼 복잡하지 않은 것이 특징이다. 대형 정석은 중반전술의 변화의 폭을 줄여 판 전체를 경직시키므로 기피하고 있다. 따라서 비교적 간략한 정석이 주류를 이룬다. 간략한 정석이 일단락되면 그 곳에는 몇 가지 수단의 여지가 남게 되는데, 이러한 잔존수단이 진행 과정에 변수로 작용한다는 점을 주의해야 한다.

3. 정석을 꼭 암기해야 하나?

"정석(定石)은 포석(布石)의 시녀이다."

정석을 이름 그대로 신봉해서는 안 된다. 대개 초급자들이 정석 사전이나 책을 보고 바둑이 늘었다고 생각하는 이유는 심리적인 자신감에서 오는 현상이다. 정석은 포석, 이른바 초반전술을 수행하기 위한 도구나 수단일 뿐이지 결코 목적이 될 수는 없다. 이 점을 착각해서는 안 된다.

정석을 안다고 생각하는 것은 본 대로 둘 수 있다는 정도이며, 정석의 본질을 알고 있는 것은 아니다. "명인에게는 정석이 없다."라는 말을 들어본 적이 있는가? 그토록 정석이 소중한 것이라면 어째서 명인에게는 없다는 말이 생겼을까? 현재까지 만들어진 정석의 가짓수는 자그마치 3만 가지가 넘는다. 그 중 현대에 만들어 진 것만 해도 이미 1천여 가지, 아니 그보다 중요한 것은 계속 만들어지고 있다는 것이다.

이처럼 양산(量産)되고 사장(死藏)되는 수많은 정석을 머리 속에 저장할 수 있을까? 이것은 힘든 정도가 아니라 아예 불가능하다고 말할 수밖에 없다. 그러나 실망할 필요는 없다. 인간은 나름대로 특별한 능력이 있다. 정석을 모조리 담지 않아도 실행할 수 있는 방법이 있는 것이다. 우린 이미 오랜 학습방법을 통하여 분석하는 힘과 정리하는 힘이 있고 또 그 방법을 안다. 따라서 정석도 분석할 수 있고, 체계적으로 정리할 수 있다.

그렇다면 정석이란 어떻게 분석하는 것이 옳은가? 우선 정석이 포석의 수단으로서 기능적인 존재가 되는 것은 사실이므로 이 부분은 인정해야 한다. 그러나 포석과 연관지어 생각하지 않을 수 없다. 『포석을 전제로 한 정석의 분석』 이것이 정석을 분석하는 전제가 된다.

그러므로 정석의 선택은 앞에서 말한 3가지를 충족시키지 않으면 안 되며, 그 이유는 다음과 같다.

① 선수 정석인가? 후수 정석인가?

정석이 마무리되고 선수를 잡아 다음 착점이 가능하려면 선수로 끝나는 정석을 선택하지 않고서는 불가능한 일이다. 마음이 급한 나머지 정석의 진행 도중에 다른 곳으로 전환하는 것은 위험천만이다. 따라서 다른 곳에 두려면 선수인 정석을 선택해야 한다. 그 이유를 그림을 통해서 알아보자.

[그림1]을 보면 이 진행은 초급자도 흉내내는 대표적인 화점정석의 포석 진행이다. 여기서 백은 선수를 잡아 백⑩의 큰 곳을 둘 수 있다. 왜냐하면 선수의 정석을 선택했기 때문이다.

그러나 [그림2]와 같은 정석을 선택한다면 반대로 흑이 선수를 잡아 흑에게 ⑬의 곳을 양보할 수밖에 없다. 왜냐하면 이 정석은 백의 후수 정석이기 때문이다.

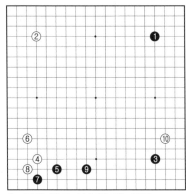

[그림1] 백의 선수(先手) 정석

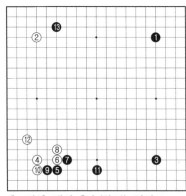

[그림2] 백의 후수(後手) 정석

만약에 [그림1]의 정석 도중에 흑이 손을 빼고 엉뚱하게 흑❾에 둔다면, [그림1-1]에서처럼 좌하변의 흑말이 미생마가 된다. 백⑩으로 공격을 받아 주도권을 백에게 빼앗기게 된다.

또 [그림2]의 정석 도중에 손를 빼서 [그림2-1]의 백⑫로 둔다면 흑⑬으로 공격을 받아 마찬가지로 초반의 주도권은 상대방에게 넘어가게 된다. 이 점이 선수 정석과 후수 정석의 선택의 차이이다.

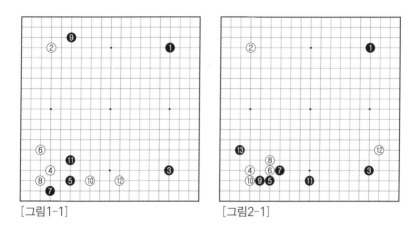

[그림1-1]　　　　　[그림2-1]

② 정석이 주변과 호응하는지 알아야 한다

아무리 선수 정석일지라도 주변과 호응하지 않으면 손해가 된다. 미리 놓인 기착점이 지금의 착점과 어울리지 않는다는 것은 결국 기착점을 활용하는 데 실패했다는 것이다. 따라서 일관성이 없어진 것이다. 사람이 일관성 없이 이리 저리 흔들리면 남이 우습게 보아 많은 시달림을 당하게 되듯이 바둑에서도 마찬가지인 것 같다.

[그림3]에서 흑이 3연성의 포진을 펼친 상황이다. 백⑥ 이하 ⑯까지 진행된 정석은 분명 흑의 선수 정석이다. 그러나 이 선택은 우변에 세력을 구축하려는 3연성의 취지와는 전혀 맞지 않는 진행이다. 다시 말해 기착점인 흑❸, ❺의 돌이 제구실을 하지 못하고 있다. 백이 ㉒로 밀어 올린다면 상변의 흑 진영은 더 이상의 발전을 기대할 수 없을 뿐만 아니라 진영 내의 침입의 약점도 노출이 되었다. 주변의 상황을 고려하지 않은 정석의 선택으로 인해 전력에 차질이 생겼다. 따라서 이 경우는 최초 3연성의 취지를 살려 [그림3-1]

과 같은 후수 정석을 선택하는 것이 좋다.

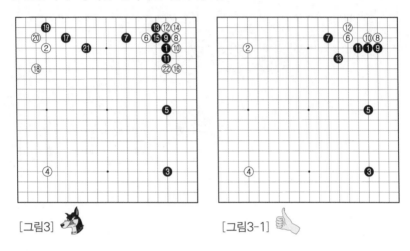

[그림3] [그림3-1]

③ 정석 후의 잔존수단을 알아야 한다

이 말은 매우 중요한 뜻을 내포
한다. 모든 정석이 마무리된 후에
어떤 수단의 여지(맛)가 남아 있다
면, 그것이 작은 활용이든 무엇이든
간에 반드시 뒷맛이 있다는 것을
알아야 한다.

우선 [그림4]를 보면 바둑의 초
급자라도 이 정석을 모르는 사람은
없을 것이다. 어떤 잔존수단이 있는
지를 보자.

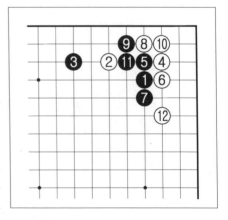

[그림4]

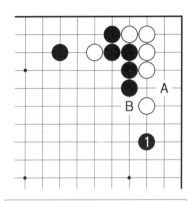

흑❶은 가장 평범한 접근이다. 이
수는 흑A의 침입과 흑B의 봉쇄를
노리는 접근이다.

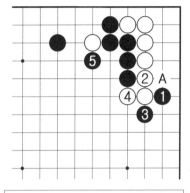

흑❶의 붙임도 잔존수단의 하나이
다. 그러나 이 경우는 백이 당한
모양이다. 흑이 A로 들어가면 백
은 귀에서는 2집이 안 난다.

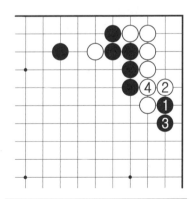

이 경우도 백이 잽을 한 방 맞은
것 같다. 자체로 손해가 된 것이
다.

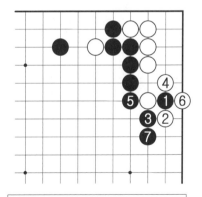

실전에서 매우 잘 생기는 모양인
데, 흑❼까지 흑이 맛 좋게 봉쇄
하고 있다.

이러한 것은 하나의 예이지만 거의 모든 정석이 이처럼 어떤 형태로든 잔존수단을 가지고 있음을 잊어서는 안 된다. 물론 잔존수단을 사용하는 것도 타이밍과 주변환경을 고려하지 않으면 안 된다.

[그림5]의 정석도 모르는 사람이 없을 것이다. 그러나 이 정석의 잔존수단을 실전사활에 있어서 그 풀이법과 변화를 아는 사람은 그리 많지 않을 것이다.

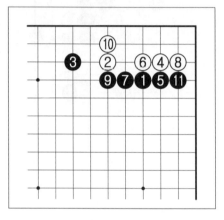

[그림5]

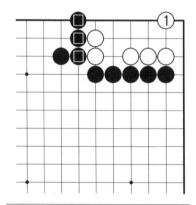

우선 사활문제가 거론되려면 흑■가 있어야 한다. 백①로 급소를 수비했을 때 흑이 먼저 둔다면 어떤 잔존수단이 남아 있을까?

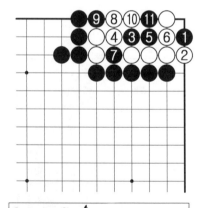

실 격

흑❶, ❸은 정확하나 흑❺가 잘못된 수순으로 흑⓫로 백 5점을 따도 백④의 곳을 다시 끊어 잡는 후절수가 성립한다. *백⑫…백④

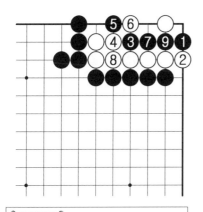

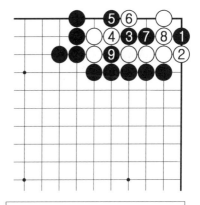

정 해 흑**5**로 젖히는 것이 올바른 수순이다. 이하 흑**9**까지 백이 죽게 된다.

백은 ⑧로 저항하지만 역시 흑**9**로 옥집을 만드는 수로 백은 잡힌다.

이 형태는 사활의 잔존수단이 한 가지 더 있다. 다음 그림을 보자.

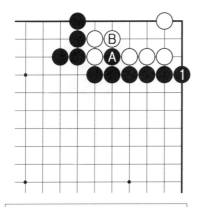

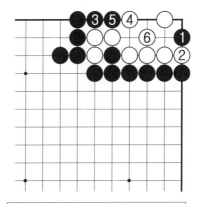

앞의 문제에서 더 진행되어 흑A와 백B의 교환과 흑**1**의 내려섬이 있는 상황에서 백이 손을 뺐다면…

 실 격

흑**1**의 치중은 정확했지만 흑**3**으로 일을 망치게 된다. 백⑥의 방어로 백이 살게 된다.

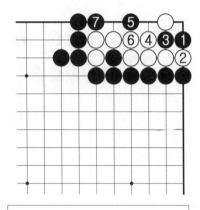

흑❸으로 자충을 유도하는 수순이
올바르다.

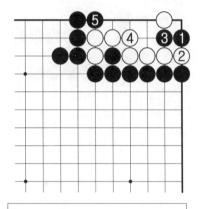

백은 ④로 저항해 보지만, 흑❺의
냉정함에 결국 자충이 된다.

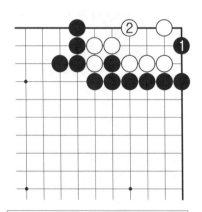

흑❶에 백도 ②로 반발하는 수가
있다. 그 결과는…

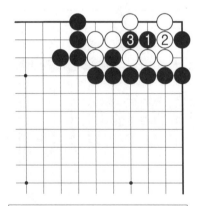

환격의 맥을 이용한 흑❶, ❸으로
백을 잡을 수 있다.

　이제 정석과 실전사활과의 연관성을 느낄 수 있을 것이다. 잔존수단이란 여기까지 연관되어 있으므로 결코 등한시할 일이 아니며, 정석 공부에서 가장 중요한 부분이다. 잔존수단을 얼마나 인식했느냐에 따라 기력의 우열이 갈리게 되는 것이다.

　예를 들어 실전에서 바둑을 두면 상대방이 내가 배운 정석대로 두지 않는다고 투덜대는 사람들이 많다. 상대방이 정석을 몰라서 그런 경우도 있지만 내 자신 또한 잔존수단 등의 정석의 변화를 몰라서 그런 것이다. 바둑에서 꼭 정석을 두어야 한다는 법은 없다. 여기까지 충분히 인식을 했다면 이제 정석의 개념을 아는 것이 된다.

4. 포석을 잘하는 비결

　포석(布石)의 포(布)란 '펴다' 혹은 '넓게 깔다'라는 뜻이다. 이 말은 돌의 배치를 의미한다고 할 수 있다. 다시 말해 자신의 구상이나 계획에 맞추어 돌을 적재적소에 미리 배치하는 것이다. 고단자가 초반에 많은 시간을 할애하는 데는 이런 이유가 있다.

　앞으로 진행할 바둑의 전략구상, 즉 계획에 맞는 돌의 배치를 고려하는 것이다. 왜 이것이 중요한가 하면 전투에 자신있는 사람은 전투를 염두에 둔 돌의 배치가 필요할 것이며, 미세한 계가로 만들고 싶다면 그에 맞는 돌의 배치를 해야 하기 때문이다. 이러한 돌의 배치가 계획에서 벗어나게 되면 전략구상도 전면 수정이 불가피하게 되어 작전에 혼선을 빚게 된다. 바로 이것이 포석이다.

　그리고 포석을 구상하려면 착점의 가치에 따른 3가지 장소가 있음을 알아야 하며, 그 가치의 크기와 포석의 순서는 다음과 같다.

급한 곳(急處) ＞ 중요한 곳(要處) ＞ 단순히 큰 곳(大處)

① 급한 곳(急處)이 가장 먼저

이 곳은 대게 공격과 방어가 발생하는 형태상의 급소(急所)인 경우가 많다. 그리고 정석 도중에 손을 빼서는 안 되는 곳이 대부분이다.

예를 들어 [그림6]처럼 정석 도중에 손을 빼고 흑⑪로 두어 백⑫의 곳을 허용한다거나 [그림7]에서처럼 백⑭의 곳을 허용해서는 안 된다는 것이다. 바로 이러한 곳이 급한 곳이며, 이런 곳을 상대방에게 허용하는 것은 정상적인 흐름을 역행하는 것이기 때문에 바둑 자체가 성립되지 않는다고 보아야 한다.

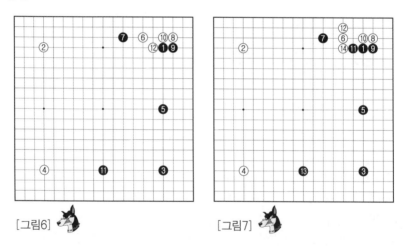

[그림6]   [그림7]

병사들이 전투에서 칼을 들고 긴박하게 싸우다가 한눈을 판 상황과 같은 경우로, 이 경우 상대방의 칼날에 맞아 죽기 십상인 것과 같은 이치이다.

대부분의 초급자들이 이 점을 소홀히 하여 고수에게 요처를 점령당한다. 그리하여 초반의 주도권을 빼앗기고 이리저리 끌려 다니다가 힘 한 번 제대로 못쓰고 지게 되는 경우가 허다하다. 항상 조심해야 한다.

② 급한 곳에는 못 미치지만 중요한 곳(要處)

요처(要處)는 두 번째로 착점의 가치가 있다. 물론 큰 곳이든 급한 곳이든 모두 중요한 곳임에는 틀림없지만 포석의 가치의 순서를 나열하자니 어쩔 수 없이 독립된 개념으로 요처라는 개념을 사용하기로 한다.

이 책에서 대부분의 착점의 장소가 요처인데 요처의 개념을 정의하면 "진영에 관계되어 대치, 경합하는 곳의 확장과 삭감의 장소나 구축, 완성하는 곳의 삭감과 침입의 장소를 요처라 한다." 이해가 잘 안 되면 단순히 큰 곳(대개의 경우 변의 전개가 이에 해당)과 아주 급한 곳의 중간쯤 되는 가치의 장소라고 생각하면 될 것이다.

예를 들어 [그림8]을 보자. 우하귀의 정석은 흑이 잘못 선택한 정석이다. 좌변 흑돌의 배치와 맞지 않기 때문인데, 이때 백⑱의 삭감은 놓칠 수 없는 요처가 된다. 이때 백⑱의 곳을 **삭감의 요처**라고 한다.

만약에 백이 이를 알지 못하고 [그림9]처럼 백⑱로 전환하게 되면 흑은 기회를 잡아 흑㉑ 부근에 진영을 완성해 버릴 것이다. 이때 흑㉑의 곳을 **완성의 요처**라고 한다. 이렇게 되면 이 곳은 거의 백이 손쓸 수 없는 흑집이 되고 만다. 이런 곳이 바로 요처라는 것이다.

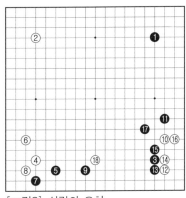

[그림8] 삭감의 요처

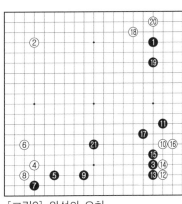

[그림9] 완성의 요처

또한 [그림10]에서 보면 흑이 중앙 전체의 모양을 입체화시키는 수법이 흑 ❶, ❸인데(흑❸으로는 흑A도 가능하지만 이 흑❶과 ❸이 이루는 밭전자 행마는 중앙작전의 대가인 다케미야 9단의 스타일이다), 만약 이 곳을 두지 않고 [그림11]처럼 흑❶로 먼저 굳히면 백②로 흑진영의 확장을 방해하면서 상변의 백진영을 거꾸로 확장할 것이다.

그러므로 이 부근도 쌍방 확장의 요처라고 할 수 있다.

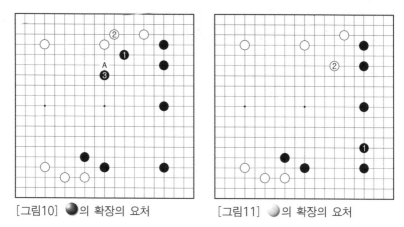

[그림10] ⬤의 확장의 요처   [그림11] ⬤의 확장의 요처

❸ 단순히 큰 곳(大處)은 마지막에

진영을 처음 만들고자 변으로 벌리는(전개하는) 등의 단순히 집을 만들기에 적합한 장소를 말하는데, 물론 한 수로 30집의 가치가 있다면 그 곳은 급한 곳과 의미가 같다. 어차피 바둑은 집 많은 사람이 이기는 게임이니까.

[그림12]는 유명한 슈우샤쿠(秀策)류의 포석 진행인데, 이 진행에서 백⑩, ⑭ 같은 전개가 단순히 큰 곳이라고 할 수 있다. 흑❸도 전개의 일종이며, 흑❺는 상대방의 전개를 방해하는 큰 곳이다.

또한 [그림13]에서처럼 흑❶과 같은 곳도 여기서 말하는 단순히 큰 곳과 같은 개념의 장소이다.

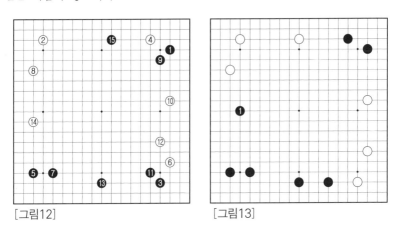

[그림12]   [그림13]

지금까지 배운 내용을 잘 이해했는지 궁금하지 않은가? 다음에 나오는 문제의 그림들은 실전에서 자주 등장하는 것을 엄선하였다. 여러분의 이해력을 돕는 데에 한층 도움이 될 것이다. 백문이 불여일견이므로 자, 출발!

이해력 테스트

1급도 모르는 5급 정석

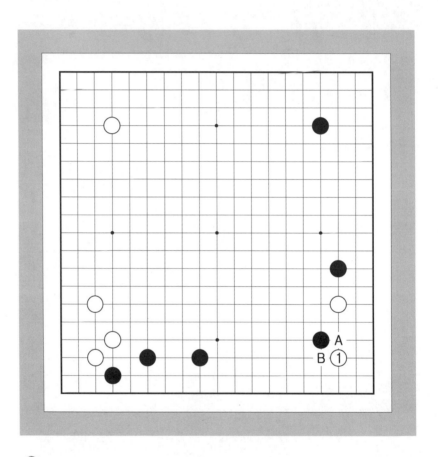

● 둘 차례

백①에 대한 흑의 응수는 A와 B뿐이다. 어느 쪽을 선택하는 것이 올바른가? 정석의 선택은 항상 선·후수의 판단과 주변의 배석을 고려해야 한다.

정 해

이 그림이 올바른 방향 선택이다. 그 이유는 왼쪽의 흑■ 일단이 3선에 배치되어 있기 때문이다. 이 정석은 항상 흑이 선수임을 잊지 말기 바란다. 선수를 잡아 흑❿의 큰 곳으로 전환하는 것이 요령이다.

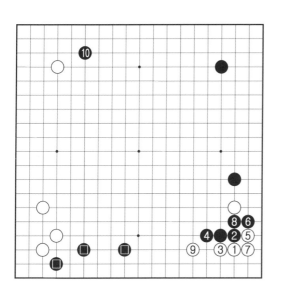

실 격

이 정석은 항상 흑이 후수임을 기억하라. 백에게 선수를 주게 되어 흑❻ 이하의 삭감을 당하게 되면 하변의 흑진영은 더 이상의 발전을 기대하기 어렵게 된다.

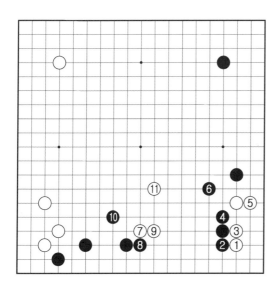

7급도 아는 5급 정석

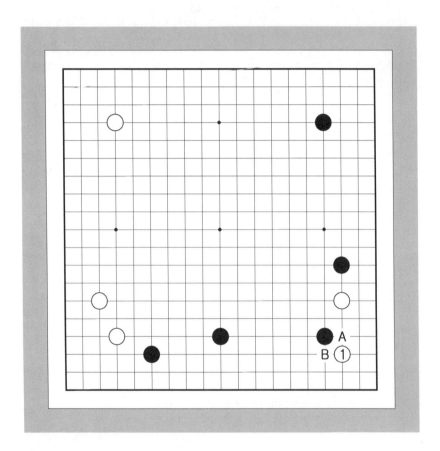

● 둘 차례

왼쪽 흑의 배석이 24page와는 다르다. 이 경우는 어떤 정석의 선택이 올바른가? 물론 흑은 A와 B 중 하나를 선택할 수밖에 없다.

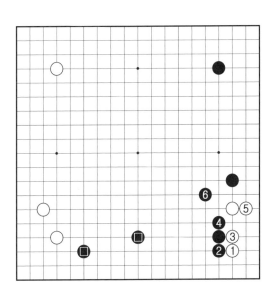

이 상황에서는 이 정
석의 선택이 올바르
다. 왜냐하면 왼쪽의
흑이 4선으로 높게
배치되어 있기 때문
이다.

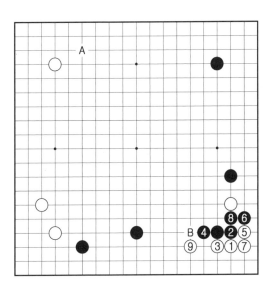

이 선택은 흑의 불만
이다. 백⑨까지 진행
된 후 흑이 A 등으로
전환할 수는 있지만
나중에 B의 곳을 백
에게 허락하면 왼쪽
의 흑이 견고하지 못
하여 불만이다.

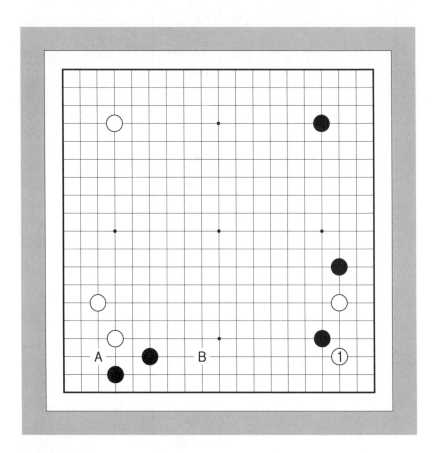

● 둘 차례

왼쪽 흑의 배석이 앞의 문제와는 다르다. 백A, 흑B의 교환이 없기 때문이
다. 이 경우는 어떤 정석의 선택이 올바른가? 물론 나중에 흑은 A와 B 중
하나를 선택할 수밖에 없다.

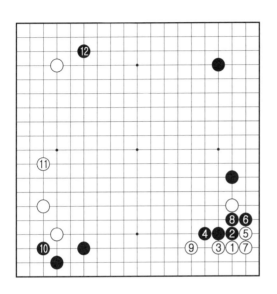

이번에는 이 선수 정석의 선택이 올바르다. 선수를 잡아 흑❿의 곳을 선점하여 백⑪을 강요한 후 대망의 흑⓬로 전환할 수 있다.

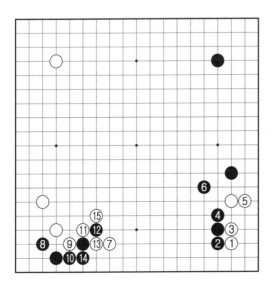

이 선택은 흑의 후수 정석이므로 실격이다. 백⑦로 역으로 공격을 당하면 애써 만든 우측 하단의 흑세력이 빛을 잃고 만다.

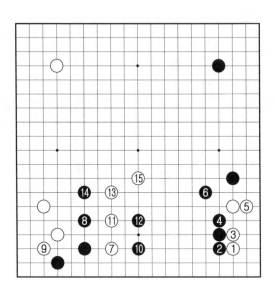

실 격

흑이 중앙으로 뛰쳐
나가면 백은 근거를
빼앗고 동행한다. 이
진행도 역시 흑의 불
만이다. 우측의 흑진
영은 생각보다 크지
않다.

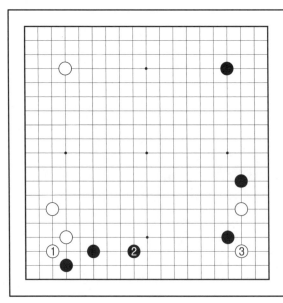

백에게 바람

따라서 백은 정해의
진행이 내키지 않는
다면 3·三으로 뛰
어들기 전에 백①로
흑❷를 강요한 후 진
행하는 것이 좋다.

백도 미는 방향이 있다

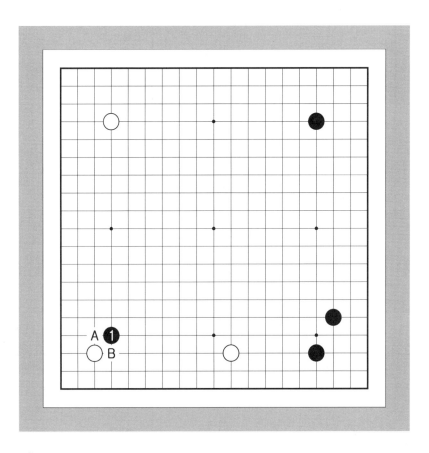

🌑 둘 차례

흑❶에 대해 백의 응수방법이 A나 B라면 어느 쪽이 유리하겠는가?

32

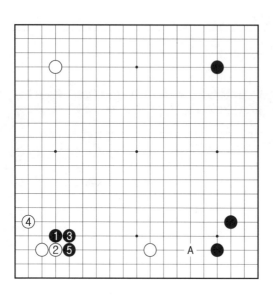

정 해

이 그림이 유리한 선
택이다. ❺의 곳을 흑
에게 막혀도 백은 A
로 2칸 전개가 있으
므로 두렵지 않다.

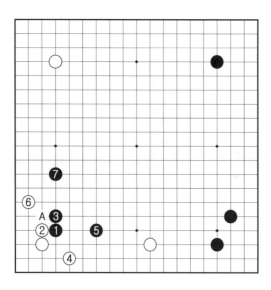

실 격

백은 ⑥을 두지 않을
수 없다. 왜냐하면 A
의 곳을 막히면 좌변
쪽에 흑의 영향력이
커지기 때문에 견딜
수가 없다.

▌알면 천재적인 감각

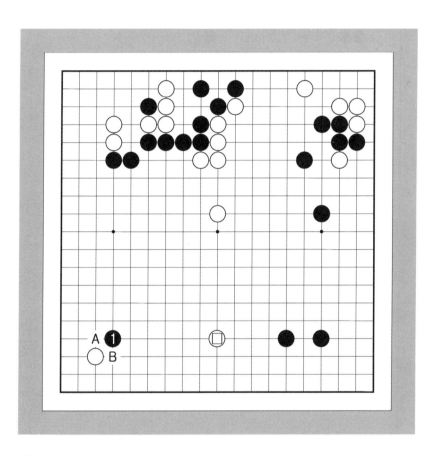

🌑 **둘 차례**

이 경우 A와 B 중 어느 방향을 선택하는 것이 좋은가? 미생마인 상변의
백과 하변 백⊙ 1점의 상황을 고려해야 한다.

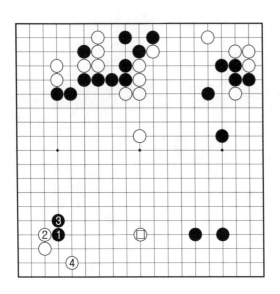

정 해

이 방향이 올바르다.
만약에 하변에 있는
백◎ 1점이 고립되면
상변의 백대마의 수
습이 부담이 된다. 백
은 두 곳을 수습하기
위해 흑에게 톡톡히
대가를 치뤄야 할 것
이다.

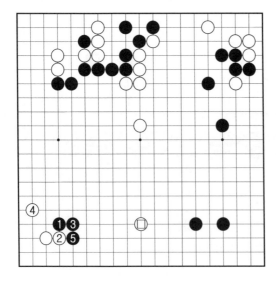

실 격

흑❺로 막히면 하변
의 백◎ 1점이 고립
된다.
상변 백과의 연결이
쉽지 않으므로 공격
당하면 흑은 공격을
하면서 집을 지어 우
변에 흑집이 크게 만
들어질 가능성이 있
다.

일석이조란 이런 것

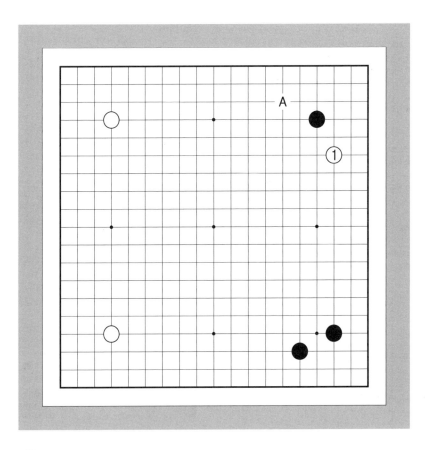

● 돌 차례

백①은 잘못된 걸침이다. 이에 대해 흑은 어떻게 응수하는 것이 좋은가?
평범히 A로 응수할 것인가 협공을 해야 할 것인가? 또 협공이라면 어떤 협
공을 선택하는 것이 좋은가?

36

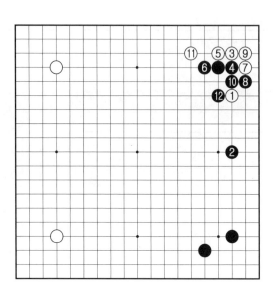

흑❷의 응수가 올바르다. 협공과 우하귀에서의 전개를 겸하여 만족스런 결과이다.

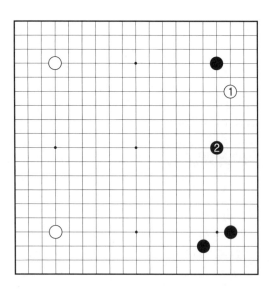

흑❷도 가능하다. 정해보다 안정감은 적으나 중앙에의 영향력은 크다.

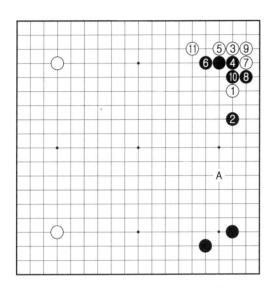

백①에 대한 영향력은 강한 협공이지만 우변이 A쯤에 한 수가 더 필요하므로 불만이다.

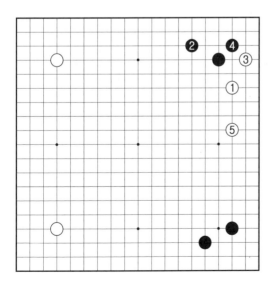

이 그림은 최악의 결과이다. 백이 이렇게 견고해지면 흑의 우하귀의 소목 굳힘은 우변에 영향력이 없어진다.

집이냐, 공격이냐? 1

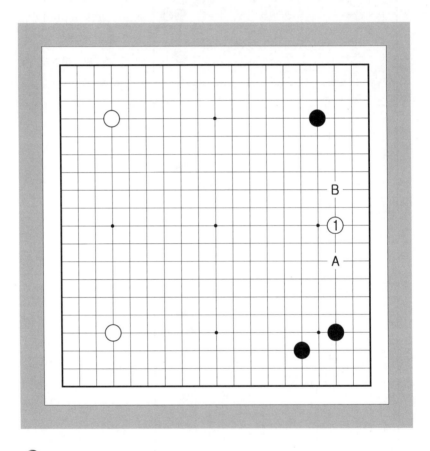

● 둘 차례

백①의 갈라침은 이 상황에서 정수이다. 그렇다면 백①에 대해 흑이 다가서는 방향은 A와 B 중 어느 쪽이 올바른가?

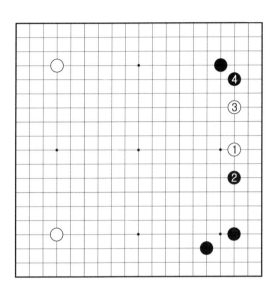

우하귀의 굳힘은 백을 공격할 수 있을 만큼 강한 것은 아니므로 집의 형태로 확장하는 것이 좋다. 따라서 흑❷의 방향이 올바르다.

백③에는 흑❹로 공격의 자세를 갖춘다.

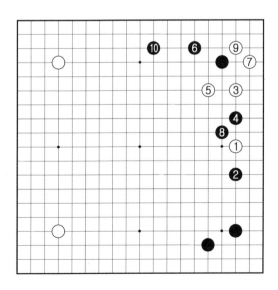

변화

이 그림은 한동안 유행하였던 초반의 진행이다. 백③에 흑❹로 강하게 반격할 수 있는 이유는 흑의 우하귀가 견고하기 때문이다.

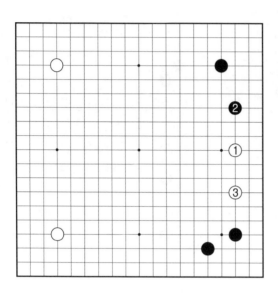

흑❷의 다가섬은 백 ③으로 쉽게 안정이 되므로 우하귀의 굳 힘이 가치가 적어져 불만이다.

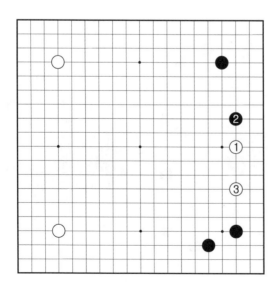

이 그림도 백③으로 쉽게 안정된다. 그만 큼 백③의 자리는 중 요한 곳이다.

집이냐, 공격이냐? ❷

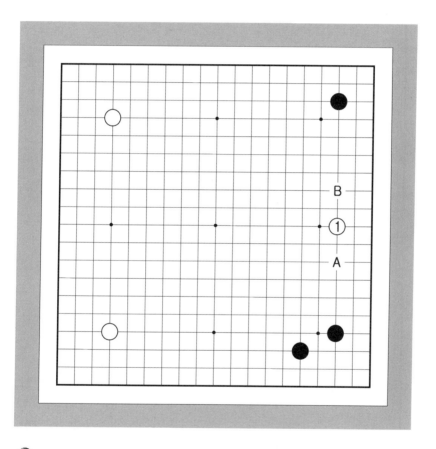

● 둘 차례

앞의 문제와는 우상귀가 3·三인 점이 다르다. 이 경우에는 어느 방향이
올바른가?

42

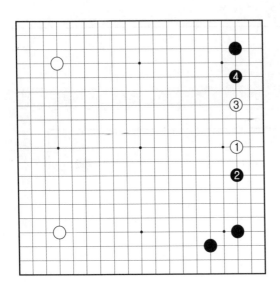

정 해

원리는 같다. 흑❷의
다가섬이다. 강한 공
격이 가능하지 않다
면 확장하면서 차후
에 공격을 엿보는 것
이 현명하다.
다만 주의해야 할 점
은 흑❹의 다가섬이
절대점이라는 것이다.

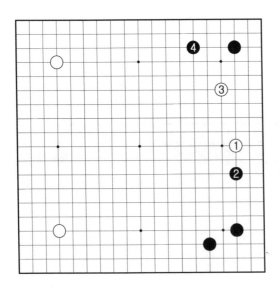

변 화

백은 ③으로 변화할
수도 있다. 이 경우
흑도 ❹로 충분하다.
이 백이 안정하기 위
해서는 우하귀의 흑
진영을 넘볼 수 없기
때문이다.

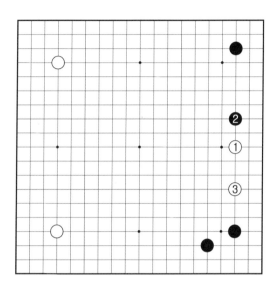

흑❷의 다가섬은 이
번에도 실격이다. 백
이 ③으로 안정된 반
면 흑의 우상귀는 흑
이 1수를 더 두어야
하기 때문에 실격이
다.

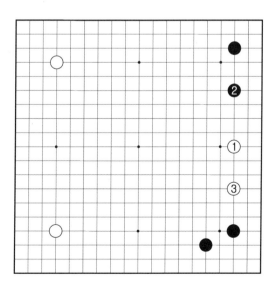

흑의 가장 옹졸한 응
수이다. 이러한 그림
을 선택하는 것은 주
도권의 미래를 백에
게 맡긴다는 뜻이다.

집이냐, 공격이냐? ◐

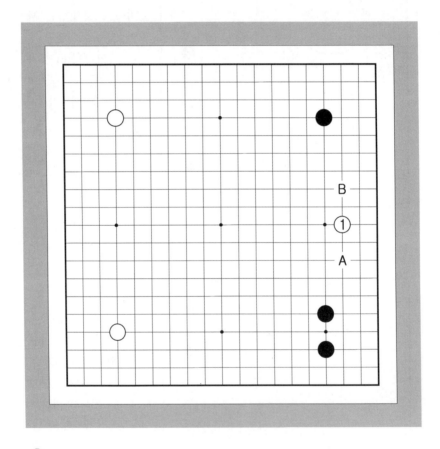

● 둘 차례

이 그림에서 A, B의 선택은 더욱 극명하다. 초반에 이러한 방향 선택이 고
단자들에게는 승패와 직결되기도 한다. 그만큼 중요한 것이다.

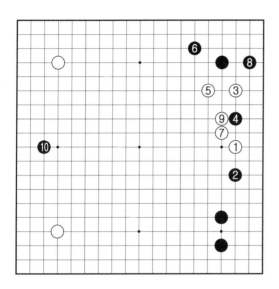

정 해

흑❷로의 다가섬이다.
잊지 않기 바란다. 백
③에는 흑❹로 강하
게 싸울 수 있다는
것은 앞서 말한 바
있다.
흑은 빨리 선수를 잡
아 흑❿으로 좌변을
갈라치는 것이 중요
하다.

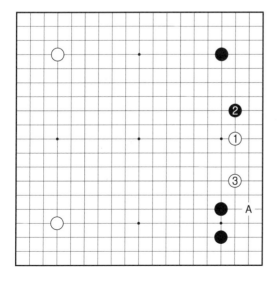

실 격

흑❷의 다가섬은 백
③에 대해 A의 곳을
방비하지 않을 수 없
다.
초반에 이렇게 상대
방에게 선수를 뺏겨
서는 주도권을 잡을
수 없다. 주도권은 승
패와 직결되는 것이
다.

전개의 0순위와 1순위

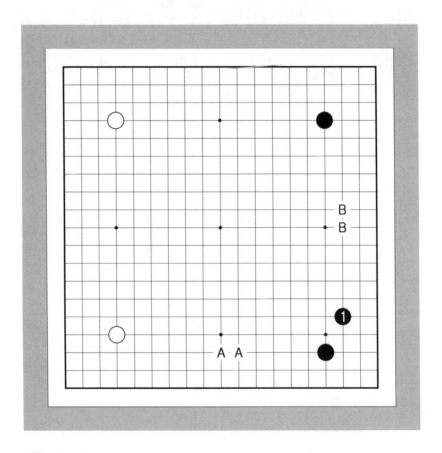

🔵 둘 차례

이번에는 우하귀 굳힘의 형태가 달라졌다. A쪽의 전개가 좋겠는가 B쪽의
갈라침이 좋겠는가?

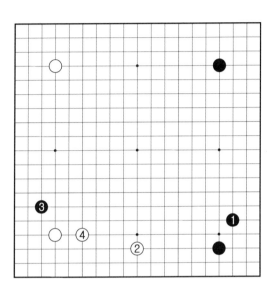

우선 백②의 전개가 올바르다. 이 곳은 우 하귀 흑의 굳힘이 확 장되는 것을 방지하 면서 백의 진영을 확 보하는 초반의 큰 곳 이기 때문이다.

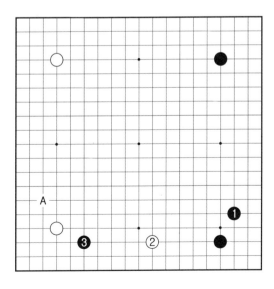

백②까지 전개할 수 도 있다. 백②의 벌림 이 넓으므로 흑은 ❸으로 갈라쳐 싸울 수도 있다. 물론 A로 걸쳐 가는 것이 기본 이다.

48

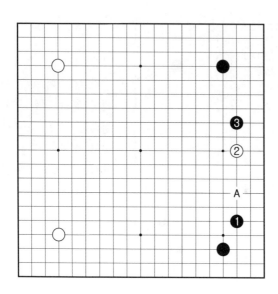

우하귀의 굳힌 방향
에 주목해야 한다.
굳힌 쪽으로는 강한
힘이 작용하고 있어
이쪽을 처음부터 갈
라치는 것은 A로 자
리를 잡아도 여전히
공격 대상이다.

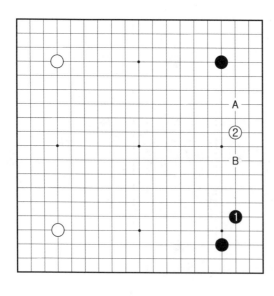

백②에 대해 흑은 A
든 B든 마음대로 전
략을 세울 수 있다.
자기에게 유리한 전
략을 선택할 수 있다
는 것은 그만큼 유리
하다는 뜻이 된다.

3급도 모르는 한국형 정석수순 1

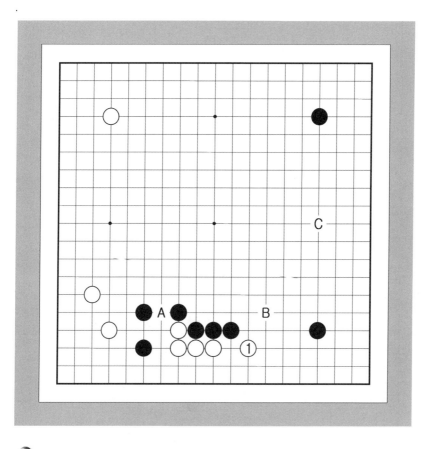

🌑 둘 차례

이 그림은 한동안 유행했던 한국형 초반전술의 형태 중 하나이다. 백①까지 진행된 후 흑은 A로 약점을 수비해야 할 것인가, B로 포위할 것인가, C로 3연성을 펼칠 것인가?

50

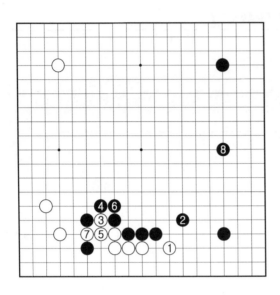

 정해

흑②의 포위가 올바
르다. 백③으로 약점
을 추궁당하는 것은
지금 큰 것이 아니다.
좌하귀는 아직도 3·
三이 비어 있어 완전
한 백집이 아니다. 그
에 비해 흑은 ⑧로
우변에 커다란 진영
을 구축하였다.

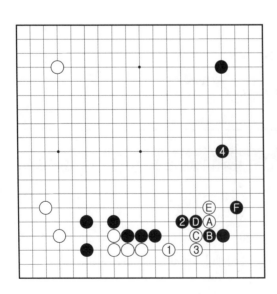

변화

백③에 대해서도 응
수할 필요 없이 흑④
로 둘 수 있다. 백A
는 두렵지 않다. 흑은
B이하 F까지의 순으
로 강하게 싸울 수
있기 때문이다.

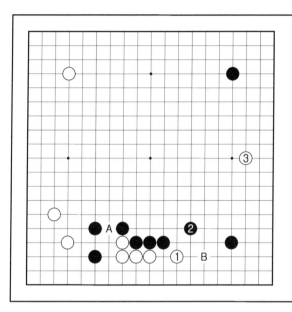

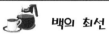

백도 ③으로 먼저 갈
라치는 것이 최선이
다. 그리고 A와 B를
맞보게 된다.

 실 격

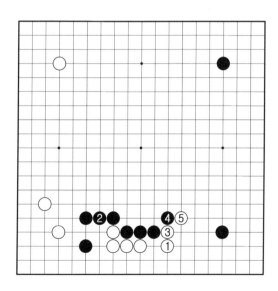

약점이 두려워 흑❷
로 보강하는 것은 더
큰 두려움의 화를 자
초하는 것이다. 포위
선이 돌파당하는 것
은 빵때림을 당하는
것 이상의 파멸이라
할 수 있다.

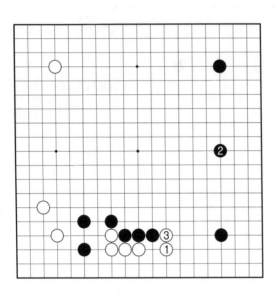

3연성은 주위의 여건이 대규모화될 때에만 힘이 있는 것이다. 코앞의 전선이 무너지면 아무런 힘도 쓸 수 없다. 그만큼 백③의 곳은 중요한 곳이다.

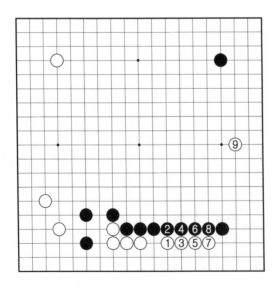

요처를 밀리고 싶지 않아서 이렇게 두는 것은 후수가 되어 우변에 백⑨의 갈라침을 허용하게 되므로 실속이 없어진다.
백⑨의 한 점은 공간이 넓어 쉽게 공격당할 말이 아니다.

3급도 모르는 한국형 정석수순 ♨

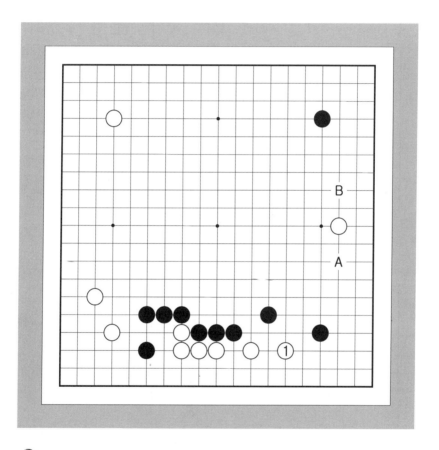

● 둘 차례

앞 문제를 조금 더 진행한 그림이다. 이 장면에서 흑은 A, B 중 한 곳을
선택해야 할 입장이다. 어느 곳을 선택할 것인가? 이제 그다지 어렵지는 않
겠지만, 중요한 것은 머리 속으로 진행을 그려보는 것이다.

54

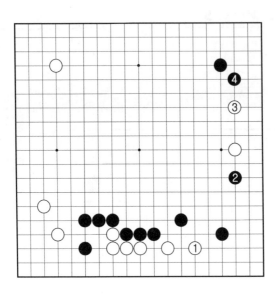

"자기 진영으로 몰아서 강한 공격이 가능하지 않다면 진영을 확대한 다."는 원리가 우선 머리 속에 자리잡혀 야 한다. 백③에는 흑 ❹가 기본형이다.

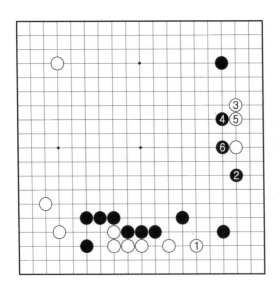

변 화

다소 어렵지만 흑❹ 로 일관성이 있게 진 영을 확장할 수도 있 다.
백이 반발한다면 어 려운 전투가 예상되 므로 자신의 전투력 이 강할 경우에만 선 택하기 바란다.

백의 변화

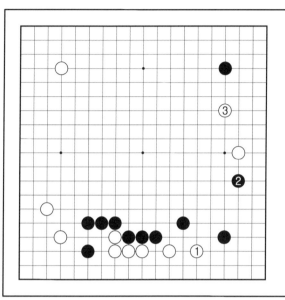

백은 이러한 흑의 공격이 싫다면 백③으로 두어 장기전으로 유도할 수도 있다.
이 부분은 자기의 취향에 따라 두면 된다.

실격

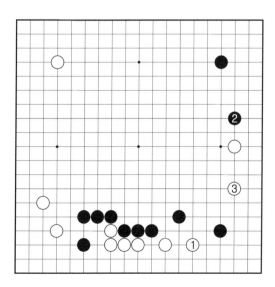

흑❷의 다가섬은 백③이 안성맞춤이 되어 더 이상 공격할 수 없다.

유창혁은 이렇게 두었다

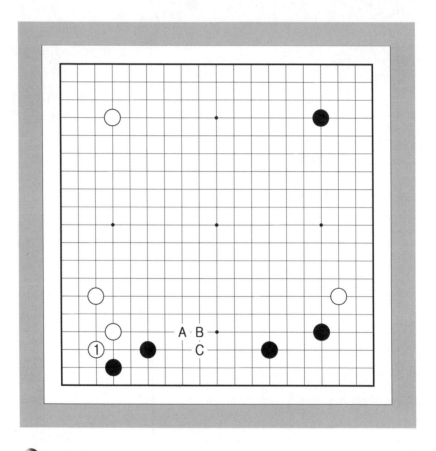

● 둘 차례

초반에 변을 지키는 방법이다. A, B, C의 수비가 보통인데 어떤 곳을 선택할 것인가? 이외에도 선택할 수 있는 곳이 없지는 않다.

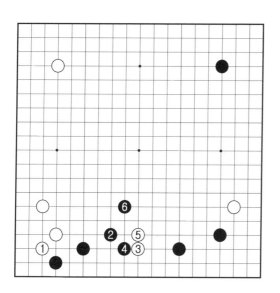

흑❷의 수비가 정해이다. 백③의 침입에는 흑❹, ❻으로 강력하게 공격할 수 있다.

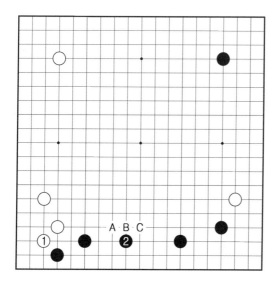

흑❷의 지킴은 이 경우 옹졸한 것이다. 오른쪽이 자기 진영인데도 견고한 수비를 했기 때문이다.
백이 이 곳을 침입하지 않고 A, B, C의 곳을 두어 삭감한다면 흑은 더 이상의 발전을 기대할 수 없다.

58

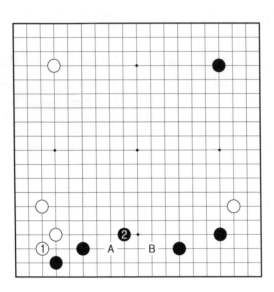

흑❷의 수비가 적당
한 듯하지만 사실은
A와 B에 2개의 약점
이 있어 허술한 형태
이다.

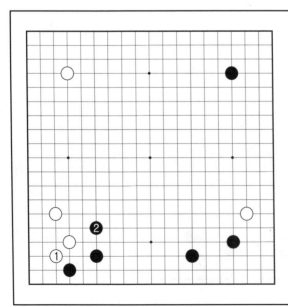

특수한 수비

흑❷의 수비는 정해
에 부족함이 없다.
그러나 이 수의 선악
은 그 다음의 운영에
달려 있으므로 강한
공격형의 바둑이 선
택할 수 있는 진행이
다.

고수가 즐겼던 삿갓정석 1

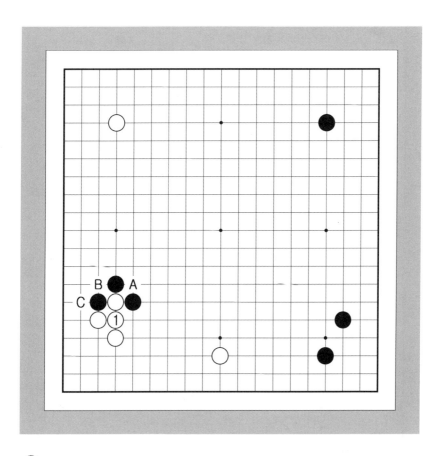

● 둘 차례

46page 「전개의 0순위와 1순위」의 다음 진행이다. 백이 ①로 이었을 때, 흑의 응수는 A, B, C로 제한된다. 물론 그 외의 응수방법이 없는 것은 아니다.

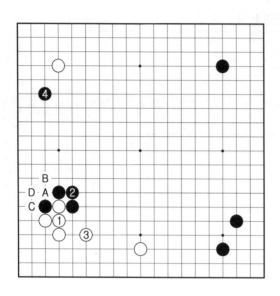

예전의 정석에는 크게 다루지 않았지만 흑❷로 위를 잇는 방법이 한국형 정석이다. A에는 B, C, D로 버릴 준비가 되어 있다.

변화

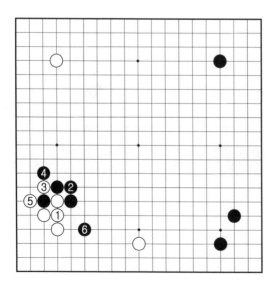

백③으로 먼저 잡으면 흑❹로 버린 후 더 이상 응수하지 않고 흑❻으로 요처를 선점하여 만족이다.

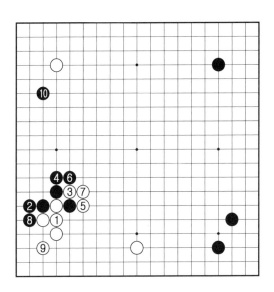

정 해 2

흑❷로 빠지는 형은 뿌리를 내리는 데 목적이 있다. 대신 중앙 쪽은 백에게 양보해야 한다.

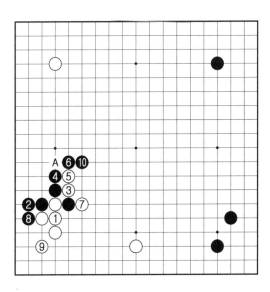

변 화

백은 ⑤로 한 번 더 밀 수도 있다. 여기서 흑은 그림처럼 둘 수도 있고, 흑❻으로 그냥 A로 늘어 고분고분하게 둘 수도 있다.

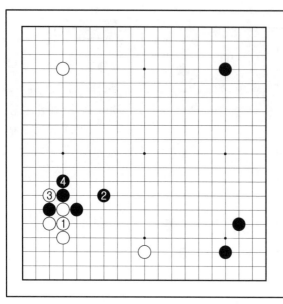

취향의 선택

이렇게도 둘 수 있
다. 중앙 지향적이고
공격 주도형의 화려
한 기풍이라면 이 취
향이 될 것이다.

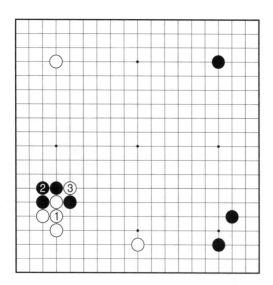

실 격

흑❷ 쪽을 잇는 정석
은 요즘 자취를 감추
었다. 그 이유는 백③
의 절단에 대한 대응
책이 마땅치 않기 때
문이다.

고수가 즐겼던 삿갓정석 2

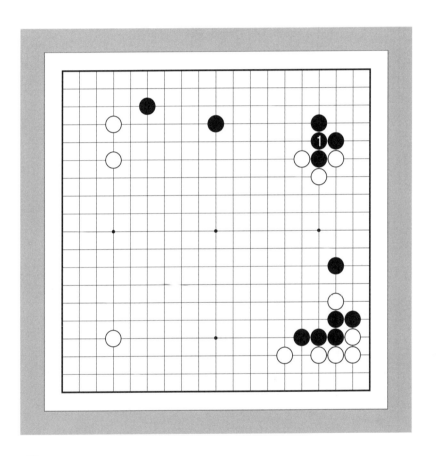

◯ **둘 차례**

이번에는 양쪽에 흑세력이 포진되어 있는 초반의 진행에서 이 정석이 실행
된 장면이다. 백의 선택은 어떤 형이 좋겠는가?

64

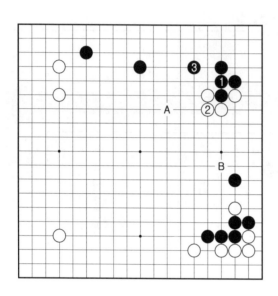

일단 백②로 잇는 수
가 있다. 흑❸ 이후에
는 백A나 B의 진행
이 예상되는데, 이 형
태가 마음에 들지 않
는 분은…

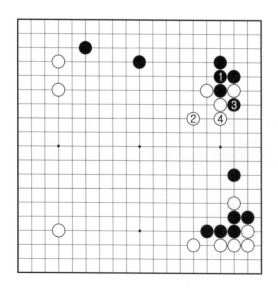

백②로 보강할 수도
있다. 백④까지의 진
행이 어쩌면 화려한
것을 좋아하는 기풍
의 아마추어에게는 더
어울릴 것이다.

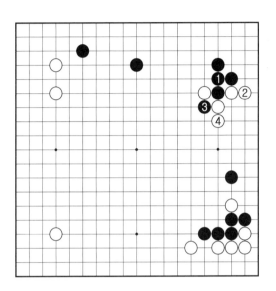

백의 혼자 생각

백②로 뿌리를 내려 빨리 안정을 하겠다는 생각은 이 경우에는 백혼자만의 생각일 뿐이다.

흑이 ❸으로 끊어오면 백④로 늘어 안정한다는 달콤한 생각을 하겠지만…

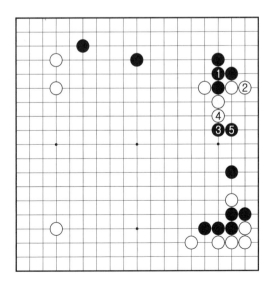

흑은 주변의 배경을 십분 활용하여 흑❸, ❺로 백 전체를 공격해 올 것이다. 이렇게 백이 공격당하면 상변과 우변은 모두 흑집으로 굳어질 공산이 크다.

66

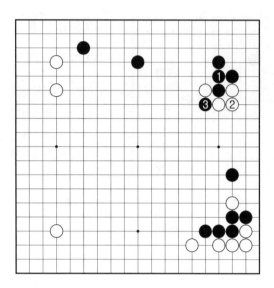

백②로 잇는 수는 없
다고 생각하기 바란
다. 흑❸으로 절단해
오면 구차하게 안정
은 되겠지만 상변의
흑진영은 백의 침투
가 불가능한 거대한
집으로 굳어지게 될
것이다.

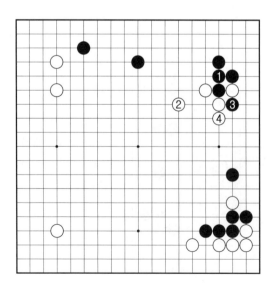

또 하나의 방법

백②의 지킴도 정해
에 손색이 없다.

64page의 정해 2
와 비교하여 약간 다
른 형태이지만 일장
일단이 있다.

요다와 유창혁의 기세 싸움

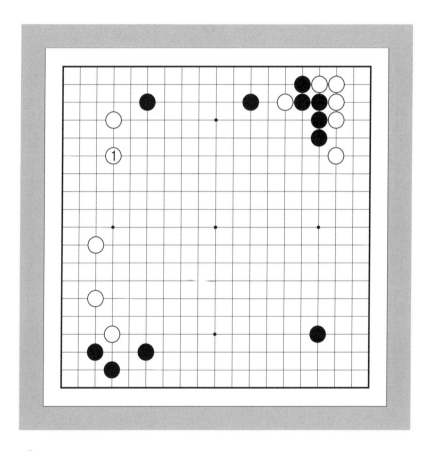

● 둘 차례

정석이 일단락되면 정석 이후의 변화가 남게 된다. 이 부분도 현대에는 거의 정석화 되어가고 있다. 백①로 지키고 나면 흑은 요처(중요한 곳)나 대처(큰 곳)를 찾는 아이디어가 필요하다. 중요한 선수를 낭비할 수는 없다.

68

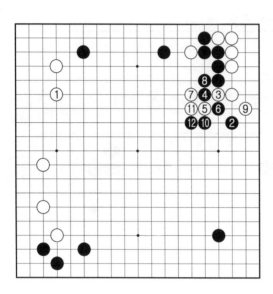

흑❷의 곳이 정석 이후의 요처이다. 우상 귀의 정석은 흑의 세력이 견고한 만큼 이를 이용하여 강하게 싸울 수 있다. 흑⓬ 까지 힘차게 밀어붙이면 중앙은 서서히 흑의 영향권 아래 놓이게 된다.

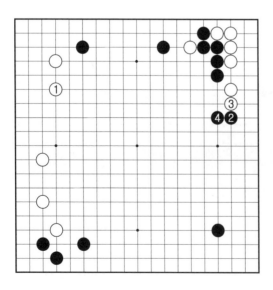

변화

정해의 변화

백은 앞의 그림이 불만이면 백③으로 두고 선수를 잡아 다른 곳으로 전환할 수도 있다. 그러나 백③과 흑❹와의 교환이 일단 백의 손해이므로 흑의 성공이다.

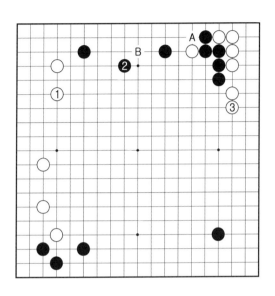

평범한 지킴

한 수로 집이 되는 곳은 큰 곳이라는 생각으로 흑②에 지키는 것은 잘못된 생각이다. 백이 침착하게 ③으로 지키게 되면 흑의 진영 속에는 여전히 A, B 등의 약점이 남아 있다.

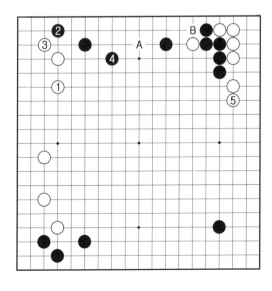

평범한 지킴

예전에는 이러한 수비가 마땅하다고 인식되었으나, 백도 ⑤로 침착하게 수비하고 나면 흑진영 속에는 여전히 A, B의 약점이 남아 있어 요즘은 잘 사용하지 않는다.

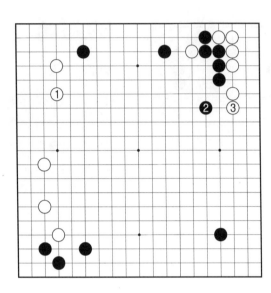

흑❷로 진영을 확장
하려는 흑의 의도는
현명하지 못한 발상
이다. 백의 약점만 보
강시켜 줄 뿐 상변은
그다지 큰 진영이 될
수 없다.

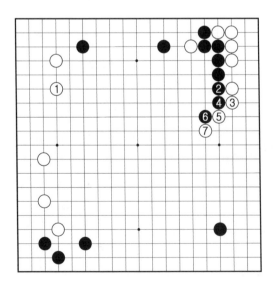

이렇듯 마구 밀어붙
이는 방법은 무지스
럽다고나 할까? 흑이
개척할 수 있는 우변
을 자연스럽게 백에
게 내주면서 얻는 것
은 10집도 되지 않을
것이다.

█ 다케미야의 나번째 포석 변신

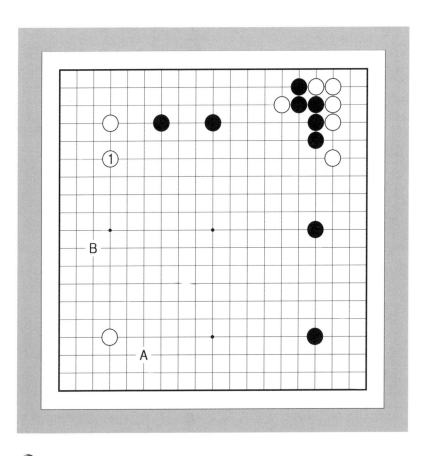

● 둘 차례

대처와 요처를 찾아내는 일은 초반전술의 골격을 만드는 중요한 일이다. 그림을 보자. A, B 등의 눈에 보이는 대처가 있음에도 선행되어야 할 요처는 따로 있다. 큰 곳보다 급한 곳이 먼저이기 때문이다.

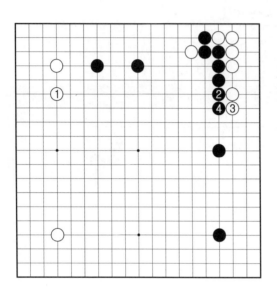

속수인 것 같지만 흑
❷, ❹로 계속 밀어
우변의 흑과 연결을
시키는 것이 중요하
다. 판 전체의 흑의
구조가 넓게 짜여 있
으므로 이 곳을 백에
게 양분당하면 더 이
상 넓게 진영을 확장
할 수 없다.

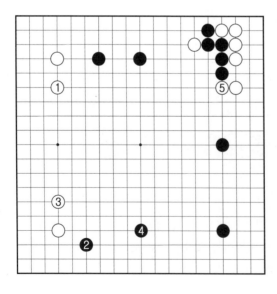

흑❷, ❹로 하변에 새
로운 진영을 만들 수
도 있겠지만 백⑤로
밀어 올리는 순간 더
이상 흑진영의 확장
은 기대할 수 없다.

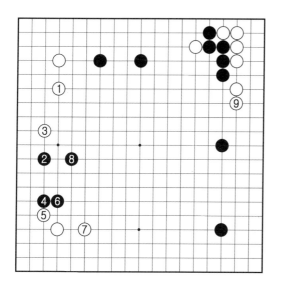

흑❷로 좌변을 갈라
치는 수도 큰 수임에
는 틀림없다. 그러나
흑의 원래 취지는 크
고 넓게 두려는 것이
었으므로 이런 전술
은 판 전체가 분할되
어 취지와 맞지 않다.

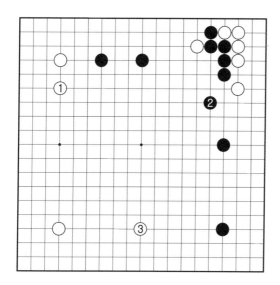

흑❷로도 우변의 흑
과 연결상태가 되기
는 하지만 결함이 있
다. 중앙 쪽이 허술하
면 침투를 허용할 수
있다.

침입의 상식 1

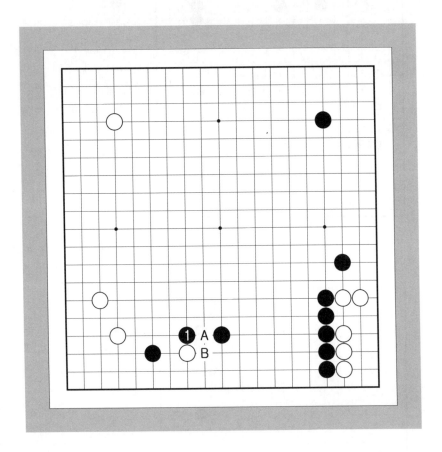

🌑 둘 차례

초반 우하귀의 정석이 일단락된 상태에서 백이 곧바로 흑진영에 침투하여
흑이 봉쇄한 장면이다. 백은 A, B 중 하나를 선택할 수 있는데, 우하귀 정
석을 염두에 두어야 한다. 정석 하나가 다른 곳의 전투에 어떤 영향을 끼치
는지 이 기회에 감상하기 바란다.

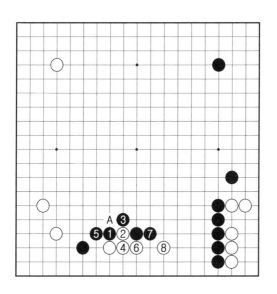

백②로 끼우는 수가 강력하다.

백⑧까지 이 백은 쉽게 공격당하지 않는다. 왜냐하면 흑에게 A라는 쓰라린 약점이 있기 때문이다.

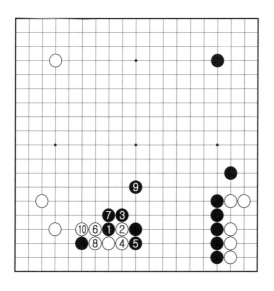

정해의 변화

흑이 집을 지키기 위해 흑❺ 쪽을 막게 되면 백⑩까지의 진행이 예상되는데, 우하변의 흑집도 크지만 삭감할 여지조차 없는 좌하귀의 백집도 생각보다 큰 것이다.

76

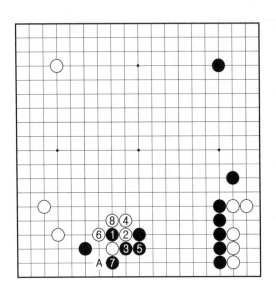

정해의 변화

흑이 ❸으로 아래쪽을 끊어도 백은 충분한 준비가 되어 있다. 백⑥, ⑧로 흑❶을 잡은 후에도 A의 패가 흑에게는 큰 부담으로 남게 된다.

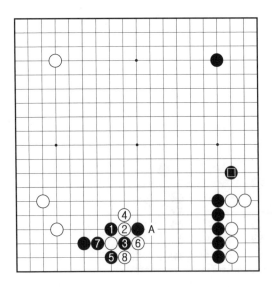

흑의 무리

이 변화는 흑의 무리이다. A의 축이 성립되어 흑 1점이 축으로 잡히기 때문이다. 흑◉가 축머리 구실을 못하고 있다. 직접 확인해 보라.

┃ 침입의 상식 ❷

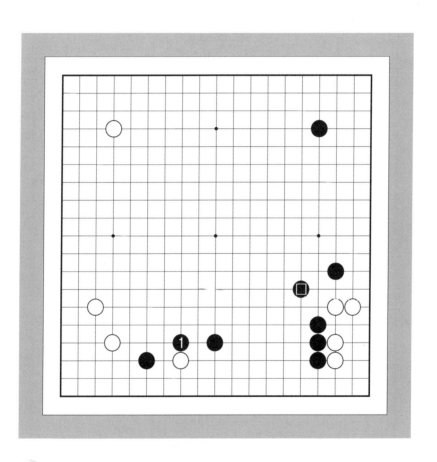

🌑 둘 차례

우하귀의 정석이 바로 앞의 문제와는 다르다. 이 경우는 선택의 여지가 없다. 흑■ 때문에 축이 성립하지 않기 때문이다.

78

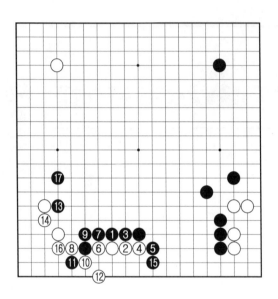

백②로 두는 한 수이
다.

이후의 진행은 대단
히 복잡하여 수많은
변화가 있지만 여기
서는 간단한 변화만
설명하겠다. 이 그림
이 가장 무난한 진행
이다. 특히 ⑬~⑰까
지의 수순은 기억해
야 할 부분이다.

변화

정해의 변화

흑⑤ 쪽을 막는다면
백⑫까지 진행이 예
상되는데, 흑은 A의
끊기는 약점이 있고
백은 귀가 허술해졌
으므로 서로 일장일
단이 있다.

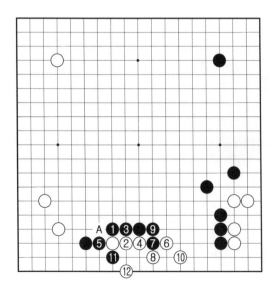

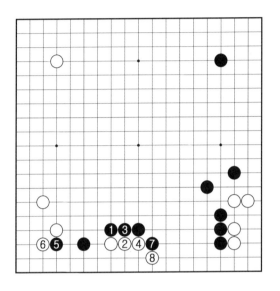

정해의 변화

흑❺로 귀 쪽으로 변
화를 시도할 수도 있
지만 백이 심한 반발
만 하지 않는다면 무
난한 결말이 날 수밖
에 없다.

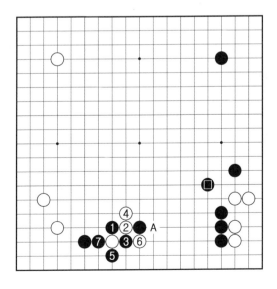

끼우는 수가 성립하
지 않는 이유는 이
그림처럼 우하귀 쪽
정석의 영향(흑■가
축머리)으로 A의 축
이 안 되기 때문이다.

침입의 상식 8

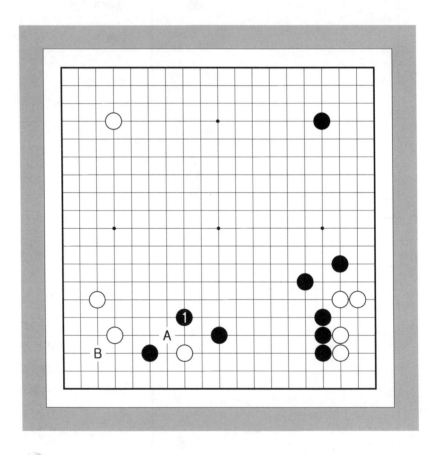

● 둘 차례

예전에는 흑❶의 중앙작전이 자주 사용되었다. A로 받게 한 후 나중에 기회를 보아 B의 3·三 침입을 노린다는 것이 그 취지인데, 백으로서는 흑의 의도대로 진행할 수는 없다. 어떤 방법이 좋겠는가?

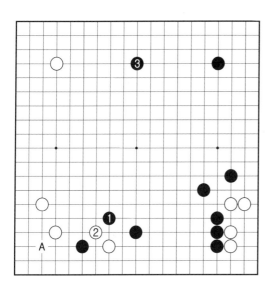

실격

흑의 의도

흑은 백에게 ②로 두
게 한 후 먼저 ❸의
큰 곳을 선점할 계획
이다. 그리고 기회를
보아 A의 3·三 침
입을 노리고 있는 것
이다.

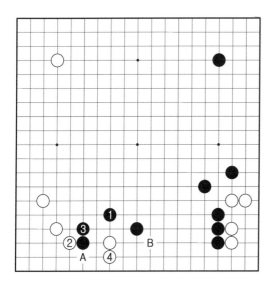

정해

백은 ②로 흑의 의도
를 저지하는 것이 좋
다. 계속하여 ❸을 두
게 한 후 ④로 A와
B를 흑에게 강요하는
것이 좋은 수순이다.

침입이 싫으면, 삭감한다

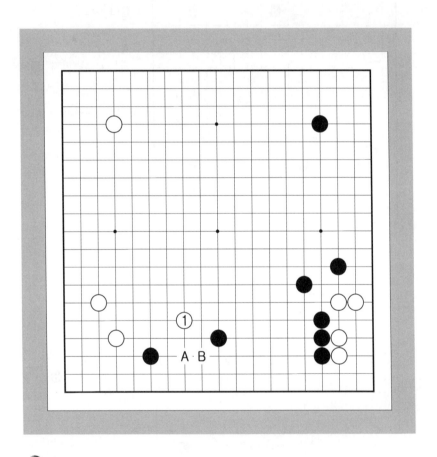

● 둘 차례

백은 흑의 중앙 발전을 저지하기 위해 백①로 두어 흑에게 A나 B를 강요할 수도 있다. 이 경우 흑도 백의 의도대로 두지 않을 수 있다.

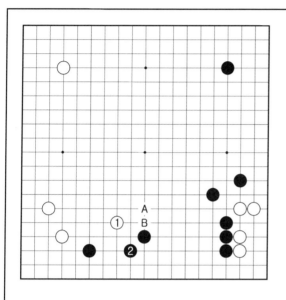

 **백의 의도**

백①은 흑에게 ❷의 굴복을 강요한 후 A, B 등으로 흑의 중앙 진출을 봉쇄하려는 의도이다.

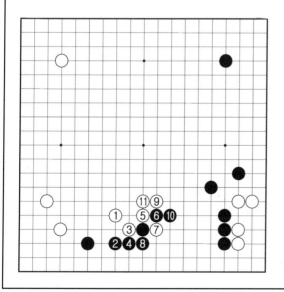

 계속

앞에서처럼 흑은 ❷로 받을 수도 있지만 백⑪까지 백이 흑의 중앙 진출을 막게 되어서는 흑의 불만이다.

84

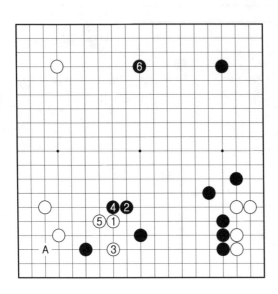

백①에는 흑도 ❷로
원래의 의지를 관철
시킬 필요가 있다. 백
③의 갈라침에는 흑
❹로 밀어 백⑤를 강
요한 후에 흑❻의 큰
곳을 선점할 수 있다.
좌하귀는 기회를 보
아 흑은 A의 3·三
침입을 노린다.

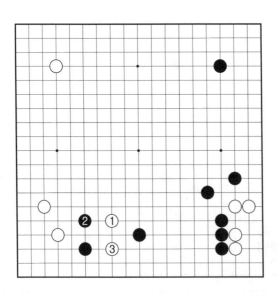

실 격

흑❷로 반발하는 것
은 무리이다. 백에게
③의 뿌리를 허용하
게 되면 처음 계획했
던 흑의 중앙작전은
백지화되고 말 것이
다.

▌ 예전에는 없었던 정석 ▐

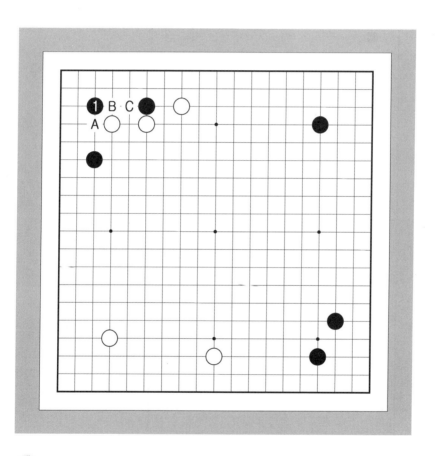

🔘 **둘 차례**

초반의 정석 선택은 주변의 환경과 부합해야 한다. 흑이 ❶로 3·三에 들어와 백에게 A, B, C 중 하나의 선택을 강요한다면 백은 주변상황을 신중하게 고려하여 응수해야 한다. 만약 무심코 응수한다면 주도권은 서서히 흑에게 넘어가게 될 것이다.

86

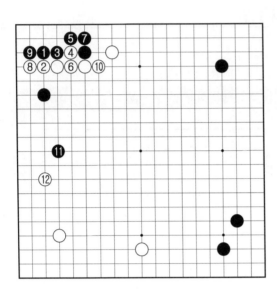

백② 쪽으로 막는 한 수이다. 백⑩까지 튼튼하게 연결하는 것이 중요하며 흑⑪에는 백⑫까지 육박하여 공격할 수 있다.

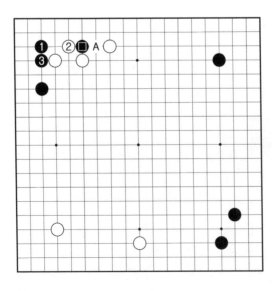

백②로 흑▣를 분리하여 선수를 잡는 것이 좋을 것 같지만 흑▣는 아직 A로 움직이는 고약한 맛이 남아 있다.

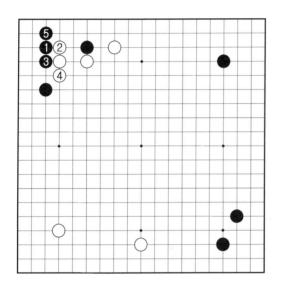

백②로 막는 것도 흑
❺에 의해 후수를 피
할 수 없다. 초반에
이 정도의 포인트를
빼앗기는 것은 견딜
수 없는 일이다.

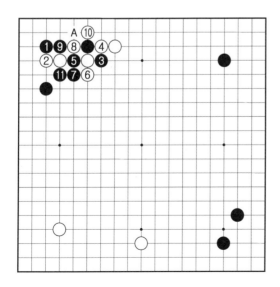

흑이 정해의 결과에
불만이라면 흑❸ 쪽을
젖혀 변화할 수도 있
는데 이 그림도 정석
이다. 그림에서 흑⓫
로는 A의 단수를 먼
저 할 수도 있다.

예전에는 없었던 정석 2

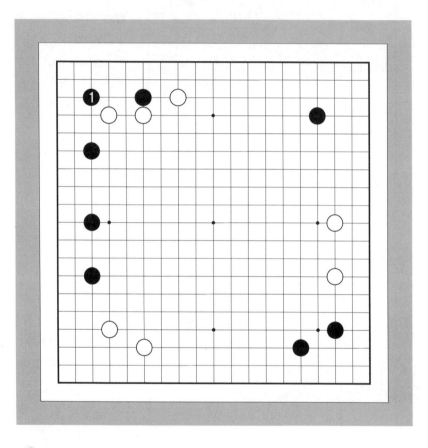

⬤ 둘 차례

이 장면은 앞의 문제와는 주변상황이 다르다. 이 경우에는 정석의 선택이
어떻게 달라질 것인가?

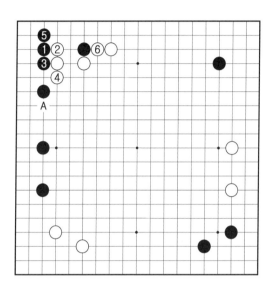

이번에는 백② 방향 으로의 선택이 올바 르다. 좌변에 흑이 미 리 포진되어 있기 때 문이다. 수순 중 흑❺ 로는 A에 둘 수도 있 다.

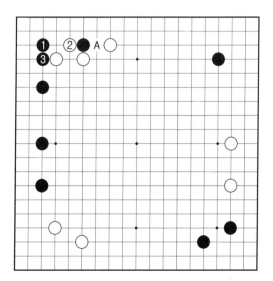

백②로 차단하는 것 은 이 경우에도 좋지 않다. 잡혀 있는 것 같은 흑 1점이 A로 움직이는 노림은 생 각보다 고약한 것이 다.

90

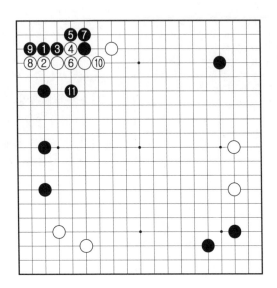

백②로 막는 것은 최악의 결과를 초래한다. 흑⑪까지의 결과를 보면 좌상의 백 일단이 세력이라기보다는 오히려 곤마에 가깝다.

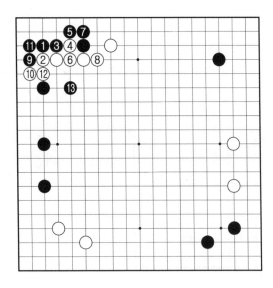

앞의 그림과 마찬가지로 실격이다. 이처럼 초반정석의 잘못된 선택은 그대로 승패에 직결될 수도 있는 것이다.

▌1립2전의 큰 곳

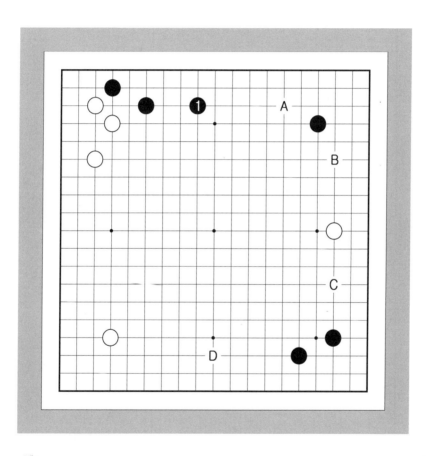

⬤ 둘 차례

흑❶로 좌상귀의 정석이 일단락되었다. 백은 이제 이 곳의 주변환경을 고려하여 우상과 우변, 하변의 착수를 결정해야 할 것이다.

Hint 착수 후보지는 A, B, C, D 중 하나가 된다.

92

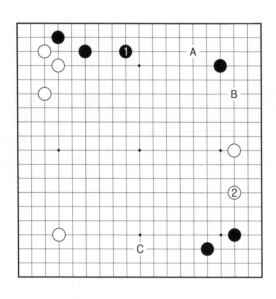

백②의 곳이 요처라
는것은 앞서 몇 번
언급한 바 있다. 이
곳을 점거하고 있어
야 흑에게 A, B, C
의 선택을 강요할 수
있게 된다. 즉, 흑A
나 B라면 백은 C의
큰 곳을 둘 수 있고
흑C라면 백은 A로
강하게 싸울 수 있다.

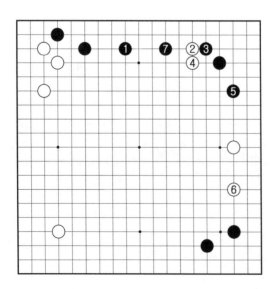

흑진영이 커지는 것
을 막으려 백②로 걸
치는 것은 지나친 욕
심이다. 진행의 계속
으로 백⑥이 불가피
할 때 흑❼로 공격당
하게 되면 순식간에
주도권은 흑에게 넘
어가고 만다.

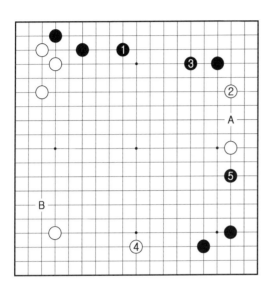

백④의 곳을 두고 싶은 나머지 백②로 두어 흑❸을 강요한 후 백④에 두어도 흑❺의 곳을 당한다면 백은 A의 침입과 B의 걸침 중 하나를 흑에게 허용해야 한다.

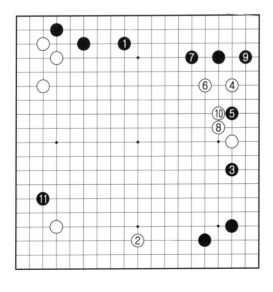

바로 백②의 곳을 선점하면 흑❸으로 다가서는 육박이 준엄하다. 우변에서 백⑩까지의 정석이 끝나면 흑⓫의 곳이 흑의 차지가 되어 이 그림은 흑의 성공이다.

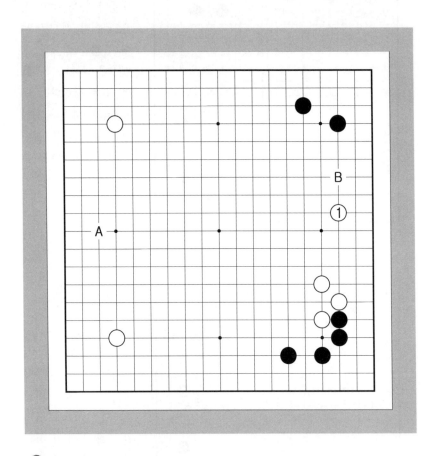

● 둘 차례

백①로 기타니 정석이 일단락되었다. 흑에게는 A와 B의 착수 후보지가 있는데, 예전에는 두 곳의 가치를 비슷하게 보았으나 현대의 포석은 한 곳으로 제한하고 있다.

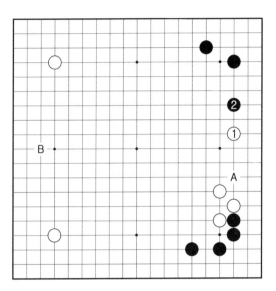

현대의 포석이론에서
는 ❷를 전술적 요처
로 평가하고 있다. 백
의 우변 쪽으로의 영
향력을 제한하면서 A
의 침입과 B의 갈라
침을 맞보기로 노리
고 있기 때문이다.

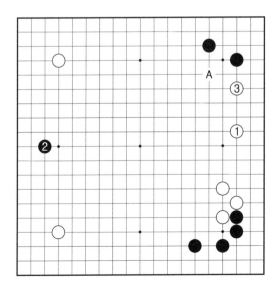

흑❷이라면 백은 즉
시 백③을 점거하게
된다. 이 곳은 생각보
다 큰 곳으로 백에게
는 A로 진영을 확장
하는 다음 수가 남아
있다.

두터운 수비는 이창호류

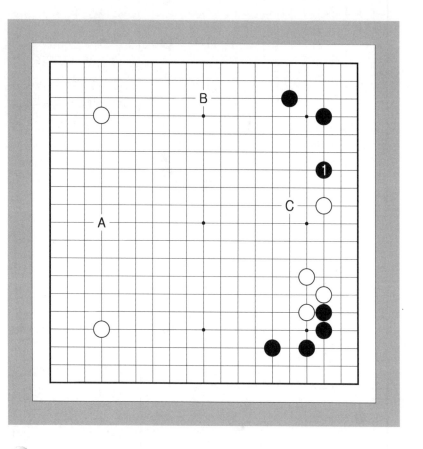

🔘 둘 차례

앞 문제의 계속된 진행이다. 흑❶에 대해 C로 수비하거나 A, B의 큰 곳을
차지하는 선택을 해야 하는 장면이다. 이 장면도 예전에는 모두 가치가 비
슷하다고 인정했으나 현대의 포석에서는 한 곳으로 제한하고 있다. 특히 덤
이 커져 가는 현대의 바둑은 백에게 유연함을 더욱더 강조하고 있다.

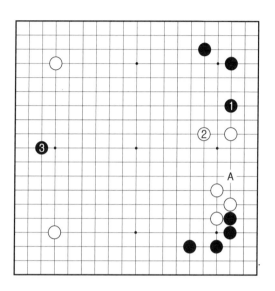

백②로 확실하게 지켜두는 것이 현대의 포석이다. 흑의 호시탐탐 A의 노림이 생각보다 준엄하여 생략할 수 없는 점이며, 흑에게 ❸의 갈라침을 허용하는 것은 어쩔 수 없다.

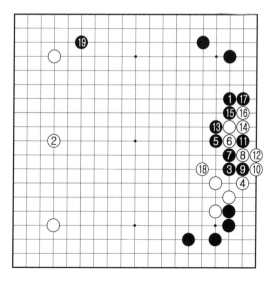

백이 흑에게 흑❸의 침입을 허용하면 백⑱까지의 진행이 예상되는데, 우상 방면의 흑세력권은 흑⑲의 걸침으로 인하여 점차 확장되어 갈 것으로 예상된다.

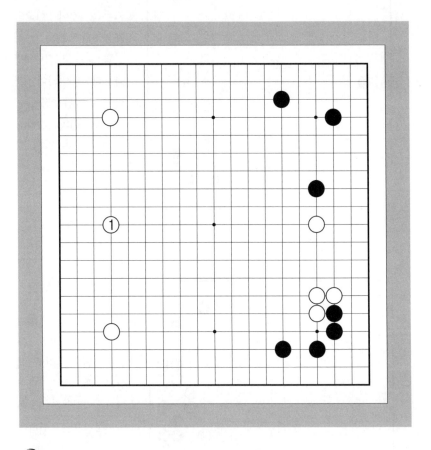

● 둘 차례

백이 우변을 방치한 상태로 좌변에 3연성을 펼친 장면이다. 흑은 당연히 우변을 침입해야 하는데, 우상 쪽 흑의 배석을 고려하여 침입해야 할 것이다.

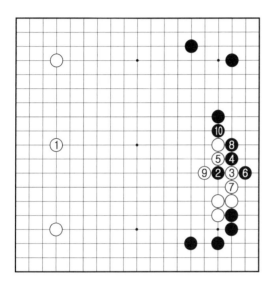

정해

이 경우 흑❷의 침입
은 바람직한 전술이
다. 흑⑩까지 흑은
우상의 흑진영을 견
고하게 다졌고, 이 백
일단은 아직 완벽한
모습이 아니다.

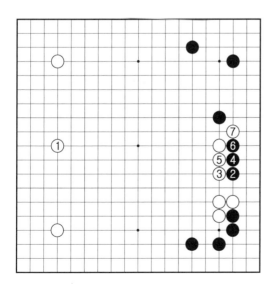

실격

흑❷의 침입은 우상
쪽 흑과의 연결상태
가 분명하지 않고 백
⑦의 젖힘에 흑의 대
응수단이 마땅치 않
아 난처하다.

100

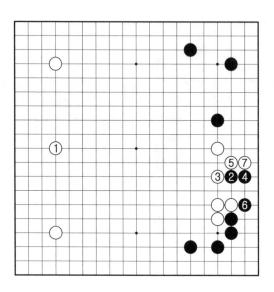

흑❹의 쌍점이 양쪽의 연결을 맞보기로 하는 맥으로 우하 쪽으로 연결은 되지만 정해에 비하여 백 일단이 두터우며 우상쪽의 흑이 허술해지고 있다.

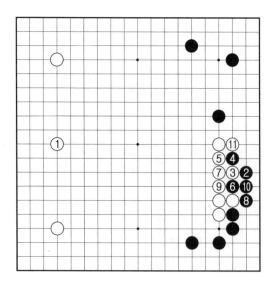

이 형태에서 흑❷의 침입방법도 맥에 해당되지만 이 경우에는 가장 졸렬한 수법이다. 백⑪까지의 진행은 백 일단이 세력화한 데 비하여 우상쪽에 흑진영은 허술하기 짝이 없다.

다케미야의 3연성과 침입

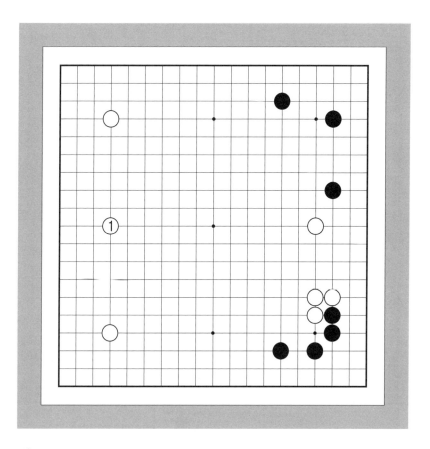

● 둘 차례

앞 문제와 비교하여 우변 백에 다가선 흑의 자세가 낮다. 이 경우는 침입의
방법이 달라지게 된다. 어떤 진행이 예상될까?

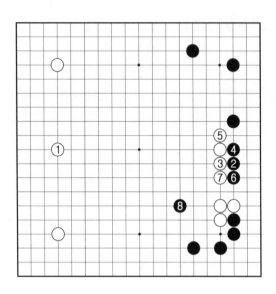

마치 3·三을 침입하 듯 흑❷로 두는 수법 이 이 경우 제격이다. 그리고 흑❹, ❻의 수 순에 주목해야 한다. 이 수순이 뒤바뀌면 백은 변신할 수 있다. 흑❽까지 진행을 보 면 백 일단은 아직 공격의 대상이다.

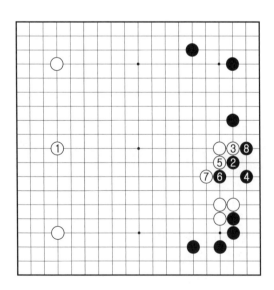

변 화

백이 ③쪽을 막는 것 은 한마디로 무리이 다. 흑❹가 예리하여 ❽까지 진행되고 나 면 백에게는 절단의 약점이 남아 있다.

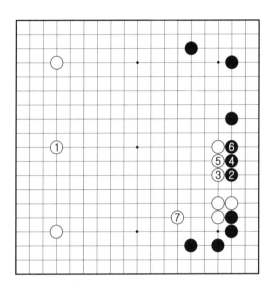

흑❷의 침입은 백에게 1수의 여유를 주게 된다. 백은 ❻에 응수하지 않고 ⑦로 변신할 수 있기 때문이다.

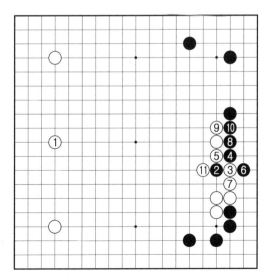

흑❷의 침입은 이 경우 나약하다. 백⑨의 곳이 요처로 흑❿의 보강이 불가피할 때 백⑪로 1점을 잡으면 백 일단은 세력의 가치를 갖게 된다.

다케미야의 3연성과 침입 ③

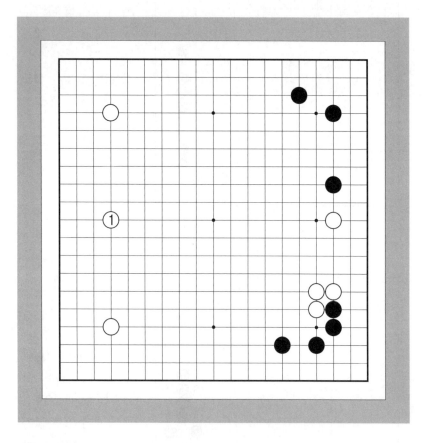

● 둘 차례

이 형태는 기초적인 침입의 문제이다. 그런데 의외로 정확한 진행을 모르는 분들이 많다. 이 기회에 확실하게 숙지하기 바란다.

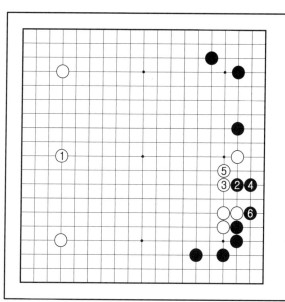

상용의 맥점

흑❹의 맥점을 기억
하기 바란다. 이 수
는 양쪽으로 넘어가
는 것을 맞보기로 하
고 있다. 이 결과는
백의 불만이므로 백
도 ③으로는…

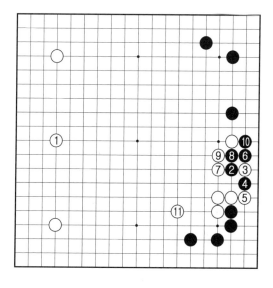

상호간 서로 작용하
는 백③의 곳을 이용
하는 것이 백으로서
도 최선이 된다. 이
진행을 백의 입장에
서도 기억해 두기 바
란다.

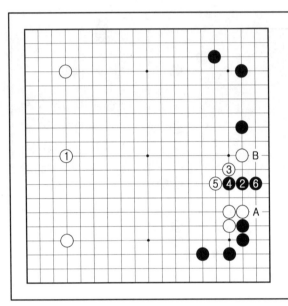

백이 ③으로 포획하려는 것은 무리다. 흑❹로 한 번 밀고 ❻으로 A, B를 맞보기로 넘게 되면 백은 절단의 약점이 남는다.

 실격

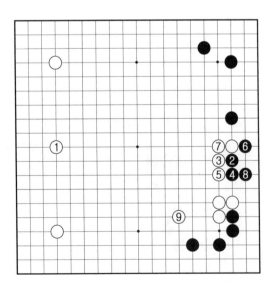

흑❷로 백진을 교란하여 밑으로 넘는 수가 맥으로 보이지만, 백은 그럴듯하게 흑을 넘겨주고 선수를 잡아 백⑨로 중앙을 보강하게 될 것이다.

다케미야의 4연성

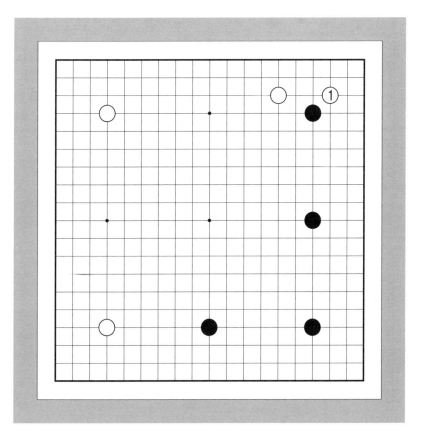

● 둘 차례

우상귀의 걸침에 흑이 손을 빼고 4연성을 펼치므로 백이 3·三에 들어온 장면이다. 4연성의 전략에 일관성 있는 흑의 작전은 어떤 것일까?

108

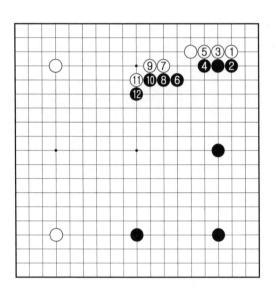

정해

흑으로서는 일단 백을 넘겨주는 작전을 선택하는 것이 좋다. 하변의 4연성을 활성화시키는 것이 중요하며, 수순 중 흑⑥은 확장의 요처이다. 흑은 계속 흑⑫까지 확장하는 것이 요령이다.

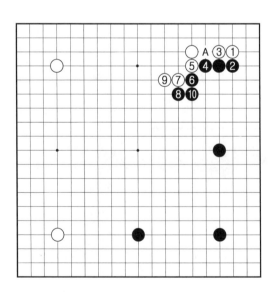

변화

백도 ⑤로 반발할 수 있다. 그러나 흑⑩ 이후 흑은 A의 약점을 언젠가는 추궁할 수 있을 것이다.

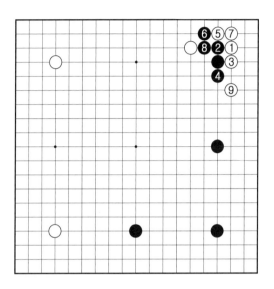

실격

이렇게 분리만을 고집한다면 흑은 일관성 있는 작전을 실행하기 어려울 것이다. 뱀의 머리처럼 나온 백⑨가 흑의 모양에 큰 장애가 된다.

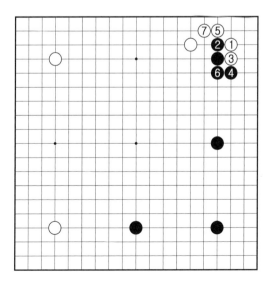

실격

예전에는 이런 진행의 기보도 있지만 현대의 감각으로는 정해에 훨씬 떨어지는 진행이다.

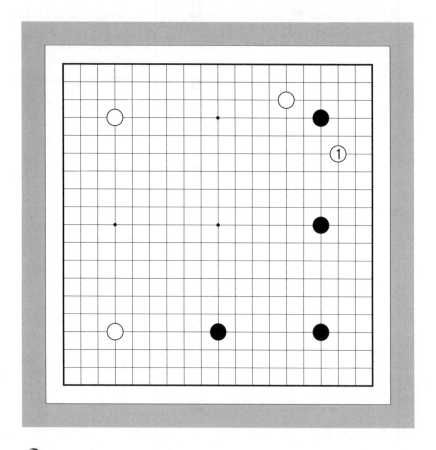

● 둘 차례

백은 3·三으로 들어가지 않고 이처럼 양걸침을 하여 난전으로 유도할 수도 있다. 이에 대응한 흑의 확장전술에는 어떤 것이 있을까?

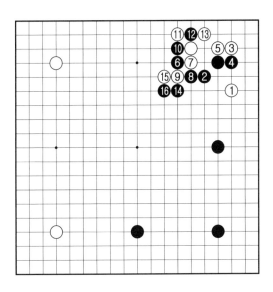

정해 1 👍

일단 사석작전을 이용한 확장전술이 있다. 흑❷로 머리를 내밀어 3·三 침입을 유도한 후 흑❻으로 씌워 백⑨의 절단을 재차 유도한다. 계속 흑❿, ⓬로 뒷맛을 남기고 흑⓮, ⓰으로 사석작전을 취하여 진영을 확대한다.

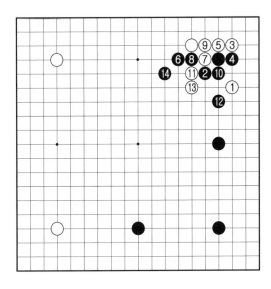

변화

백도 흑의 확장전술에 대항하여 여러 가지의 반발을 시도할 수 있다. 한 예로 이 그림처럼 축이 유리함을 이용하여 백⑪로 강력하게 절단할 수도 있는데, 이 진행은 복잡하므로, 전투력이 강한 사람만 선택하기 바란다.

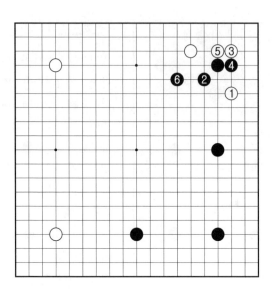

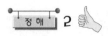

정해 2

앞의 전술이 복잡하
다면 단순히 흑❻으
로 뛰어도 무방하다.
무척 완만해 보이지
만 이 수의 의미는
천천히 확장하여 나
중에 내 진영에서 싸
우겠다는 뜻이다.

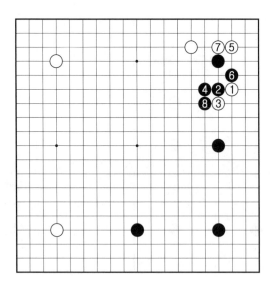

실격

흑❷로 두는 방법이
예전에 사용된 적이
있었으나 흑은 후수
를 잡게 되고, 백의
변신이 자유로워 현
대의 감각으로는 정
해에 미치지 못한다.

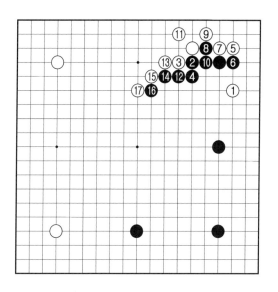

과거에는 정석화되었던 진행이다. 현대에는 백의 자세가 너무 완벽하다는 것이 흑의 불만으로 자취를 감추었다.

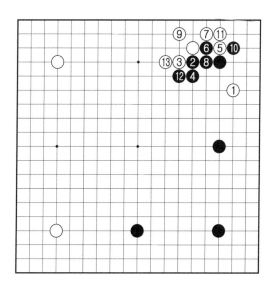

백은 ⑤로 변신할 수도 있다. 이처럼 상대가 변화의 여지가 많은 진행은 대개가 좋지 않다.

다케미야류의 수비

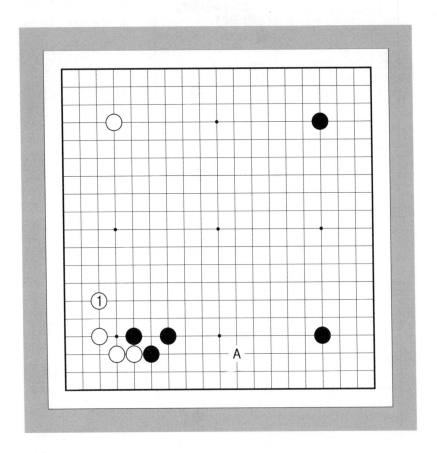

● 둘 차례

흑이 A에 둔다면 기타니 정석이 완료된다. 그런데 과연 우하귀 화점과 관련하여 이 정석이 타당할까? 아니면 어떤 포진이 진영을 확장하는 포인트가 되는가?

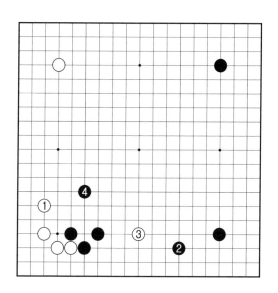

정해 1 👍

우하귀의 화점과 호응하여 흑❷로 포진하는 것이 포인트. 백③의 갈라침에는 흑❹로 크게 뛰어 전선을 확장한다. 이 진행은 백③을 크게 공략하여 주도권을 잡는데 그 의의가 있다.

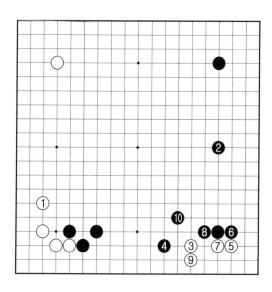

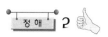

정해 2 👍

흑❷의 3연성도 훌륭한 확장전술이다. 백③에는 흑❹로 3·三 침입을 유도하여 포위한다.

116

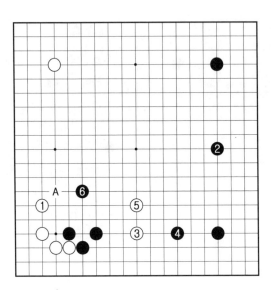

흑의 3연성에 포위당
하는 것이 싫어 백③
으로 선제공격을 한
다면 흑도 ❹로 역공
하여 백⑤일 때 흑❻
으로 크게 뛰는 진행
이 예상되는데, 이 흑
은 A의 어깨짚기가
보장되어 있어 결코
공격당할 말이 아니
다.

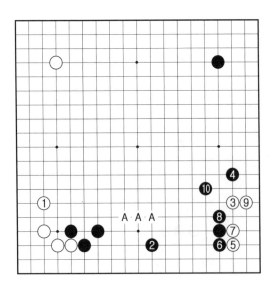

실 격

이 경우 기타니 정석
은 현대의 감각에 맞
지 않는다. 흑❿까지
진행된 후 백은 선수
를 잡아 A선상에서
삭감할 것이 뻔한 일
이다. 백의 확정된 실
리에 비해 흑은 삭감
당할 여지마저 남아
있는 별로 재미가 없
는 모양이다.

갈라침의 판단 1

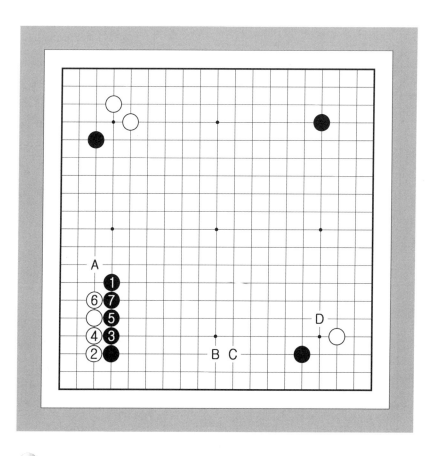

● 둘 차례

좌하귀의 정석이 일단락되었다. 이제 백은 A, B, C, D 중 하나를 선택해야 할 것이다. 상대가 확장하려는 의지는 사전에 분쇄할 필요가 있다.

118

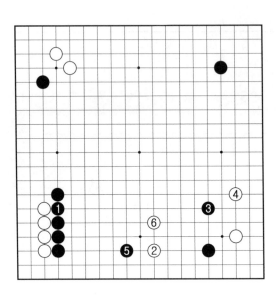

좌하의 흑세력에 대
한 삭감이 시급하다.
다만 어디쯤에서 삭
감할 것인가가 문제
인데, 이 경우는 백②
의 곳이 적당하다. 흑
의 확장을 최대한 견
제하면서 백도 근거
확보와 중앙으로 달
아날 여지가 있어야
하기 때문이다.

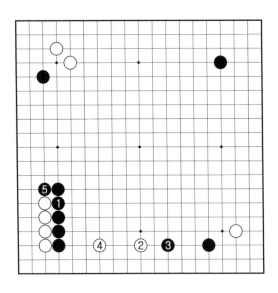

백②는 흑의 강한 세
력권에 너무 가까이
간 나머지 흑❸으로
공격을 받게 될 것이
다. 이 백은 흑의 견
고한 세력에 너무 다
가서 있어 계속 불안
한 상태이다.

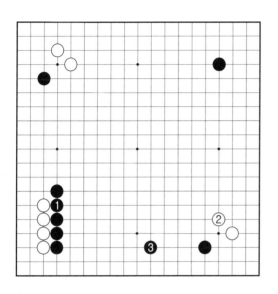

백②로 지키는 것은 침착이 아니다. 흑이 ❸쯤에 두면 이 곳은 흑집이라고 확신해도 무방하다.

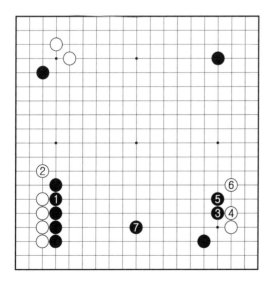

백② 따위로 집을 밝히는 것은 아직 확장의 무서움을 모르는 것이다. 흑❶~❼까지의 진행이 된다면 이 곳의 흑진영은 일당백이라고 할 수 있다.

갈라침의 판단 2

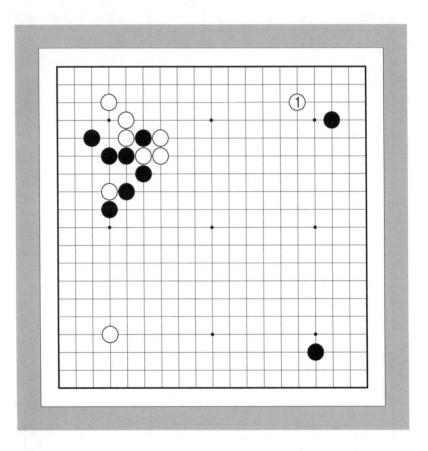

● 둘 차례

이 장면도 갈라침이 시급한 상황이다. 몇 수의 진행을 눈으로 읽기 바란다.

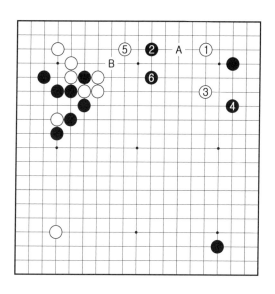

흑❷가 적절한 갈라 침이다. 흑은 언제든 지 A에 근거를 만들 수 있으며, 후에 B의 약점을 노릴 수 있다.

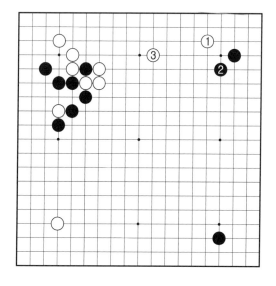

흑❷로 두는 것이 침 착이 아니라는 것은 앞서 말한 바 있다. 백이 ③에 지키면 이 곳은 집으로 보아도 좋다.

갈라침의 판단 &

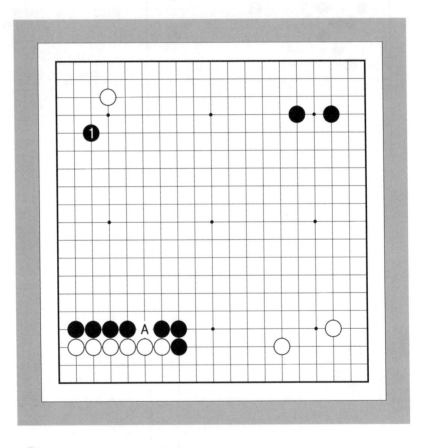

🌑 둘 차례

이 장면은 약간 생각을 요한다. A의 곳에 약점이 있기 때문이다.

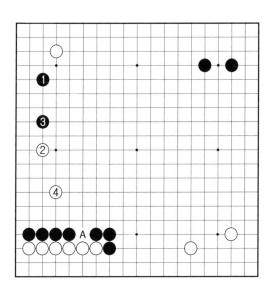

이번에는 백②의 갈라침이 적절하다. 흑❸을 유도하여 백④로 A의 약점을 추궁하면 흑의 세력은 순식간에 볼품 없게 되어 버린다.

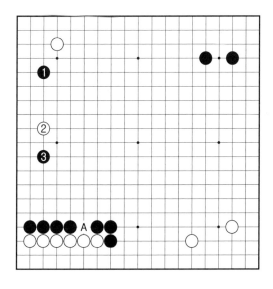

백②의 갈라침은 이 경우 적절치 못하다. 흑은 다소 좁더라도 흑❸으로 다가설 것이다. 이로서 A의 약점이 자연스럽게 보강되기 때문이다.

출발! 바둑판의 요처를 찾아라

┃초반에 주위 바둑돌의 상황을 고려하지 않은 정석의 선택은 아예 정석을 모르는 것이 나을지도 모른다. 초반에 대부분의 승부가 결정나는 초급자의 바둑에서 초반에 우세한 고지를 점령하는 비법을 최초로 공개한다.

1. 진영(陣營)의 요처

진영의 요처에 대해서는 다음의 3곳을 이해하면 편리하다.

⬤ 완성의 요처
⬤ 확장의 요처
⬤ 삭감의 요처

▫ 진영은 다음 4단계로 발전한다.
　·전개 : 1립2전(一立二展), 2립3전(二立三展), 3립4전(三立四展), 변으로
　　　　의 벌림 등
　·구축 : 굳힘, 중앙으로 한 칸 뜀 등
　·확장 : 대치하는 진영의 확장 또는 삭감
　·완성 : 완성된 진영의 침입과 공방

▫ 진행하는 방향에는 돌파력이 작용하고 좌우에는 포위력이 작용한다.
▫ 확장은 포위부터 시작되며 포위는 연결부터 시작된다.
▫ 초반의 삭감은 침입보다 우선한다.

2. 진영의 개념을 알아야 포석이 강해진다

초급자가 포석을 잘하기 위해서는 반드시 진영의 개념을 이해할 필요가 있
다. 왜냐하면 진영은 집을 만들기 위한 시작이며, 적의 침입을 유도하여 공격
을 하기 위한 시작이기도 하다.

하급자의 단점 중 가장 문제가 되는 것은 남의 떡이 커 보여 상대방 진영
에 무리한 침입을 감행하여 그 대가를 톡톡히 치루거나, 심지어는 침입한 자
신의 돌들이 상대방에게 잡혀서 판을 망치는 경우이다. 바둑 격언에 "상대방

집이 커 보이면 바둑을 진다."라는 말은 이를 두고 하는 말이다.

진영을 배울 때는 항상 삭감이라는 타협을 먼저 생각하지 않으면 안 된다.
이 원리를 빨리 터득할수록 빨리 고수가 되는 길이라고 확신해도 좋다.

그렇다면 진영이란 무엇일까? 진영의 개념을 어렵게 생각하지 말기 바란
다. 진영은 1립2전(一立二展)부터 시작되는 것이니까.

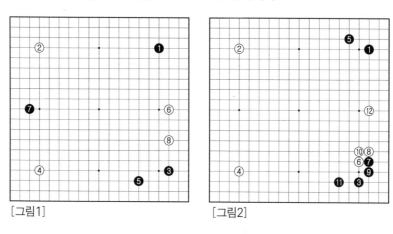

[그림1]   [그림2]

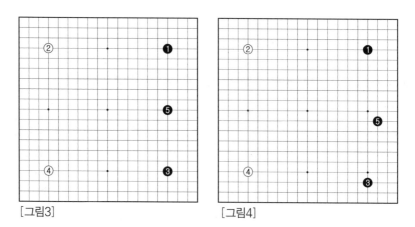

[그림3]   [그림4]

[그림1]의 흑❸, ❺는 굳힘의 진영이며, 백⑥, ⑧은 1립2전의 진영이다. 진영의 개념은 이렇듯 어려운 것이 아니다. [그림2]의 우변에서 백의 정석은 2립3전이며, [그림3]은 흑의 3연성의 진영이며, [그림4]는 흑이 중국식 진영을 구사한 것이다.

앞서 말한 진영은 이러한 기초적인 원리로부터 출발하는 것이다. 그리고 포석을 하기 위한 기본 진영은 3연성과 중국식 외에 다음의 6가지가 자주 사용되며, 그 이름은 다음과 같다.

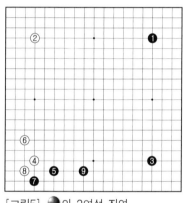

[그림5] ●의 2연성 진영

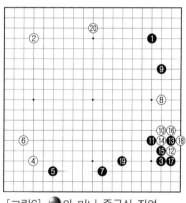

[그림6] ●의 미니 중국식 진영

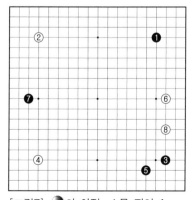

[그림7] ●의 화점, 소목 진영 1

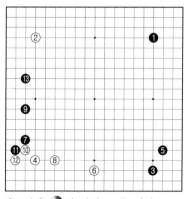

[그림8] ●의 화점, 소목 진영 2

130

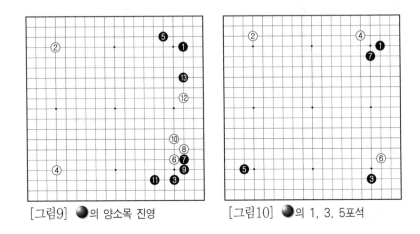

[그림9] ●의 양소목 진영   [그림10] ●의 1, 3, 5포석

전쟁에서도 어떤 유리한 거점을 잡고 적과 싸우기 위해 진영을 구축한다. 어느 쪽이 더 견고하게 진영을 구축하였느냐 바꿔 말하면 어느 쪽의 진영이 허술하냐에 따라 승패가 갈리게 된다. 그렇다면 자신의 진영을 견고히 하고, 상대방의 진영을 무력화시키는 유리한 지점이 있는데, 그 지점을 찾는 방법을 다음에 자세히 설명하고 있다.

3. 완성의 요처

초반의 진영의 완성을 위한 돌의 착점들로 이루어진 공간은 집이 아니다. 상대방의 삭감을 견제하기 위한 것이지, 상대방의 침입까지를 방지하는 것은 아니다.

완성의 요처에 대한 개념은 앞에서(**REW** 23page) 이미 설명하였다. 생각이 안 나면 다시 가서 확인하라. 아리송한 상태에서 학습을 계속한다면 좋은 학습의 효과를 거둘 수 없다는 것은 누구나 아는 사실이다.

4. 확장의 요처

"확장선은 포위선이며, 포위선은 연결선이다. 연결선은 작전선이며, 작전선은 행마를 통해 형성된다."

확장에는 2가지 유형이 있다. 첫째는 쌍방의 진영이 대치(경합)되는 곳의 확장이 있고, 둘째는 어느 한쪽의 모양만 확장되는 경우가 있다. 다음의 그림을 보면 이해가 빠를 것이다.

● 쌍방이 대치(경합)되는 곳의 확장

[그림A₀]의 흑❶은 쌍방 진영이 대치하고 있는 경우의 요처이다. 이 곳은 백의 진영을 위축시키며, 흑의 진영을 확장시키고 있는 곳이다. 만약에 흑이 먼저 [그림A₁]에서처럼 흑❶의 곳을 굳히면 백②로 두게 되어 이번에는 거꾸로 백의 진영이 확장되면서 흑의 진영이 위축되는 것을 알 수 있을 것이다.

● 먼저 둘 차례

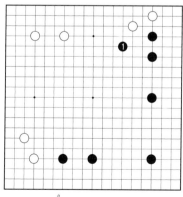

[그림A₀]

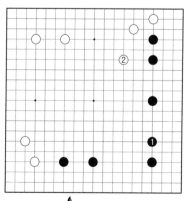

[그림A₁]

◖ 어느 한쪽만의 확장

또 [그림B₀]의 흑❶은 흑의 진영만 확장되면서 굳어지는 경우이다. 근처에 백의 진영이 가깝게 대치하고 있지는 않기 때문이다. 그러나 이 곳도 확장의 요처이다. 만약 [그림B₁]의 흑❶로 작은 곳에 연연한다면 백②, ④로 삭감당하여 흑진영은 더 이상의 발전을 기대할 수 없게 된다.

● 먼저 둘 차례

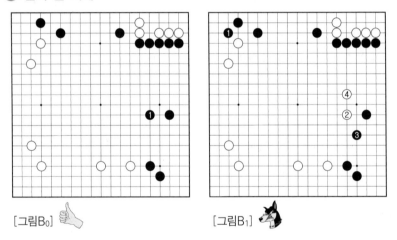

[그림B₀]   [그림B₁]

5. 삭감의 요처

"삭감은 타협적인 발상에서 시작되며, 침입은 파괴적인 발상에서 시작된다."

삭감의 본질은 상대방의 확장을 적당한 선까지는 인정하는 것이다. 만약에 삭감을 지나치게 많이 하려고 한다면 상대방은 이를 도발로 간주하여 거의 전면전의 양상으로 진행되기 십상이다. 적당한 삭감의 선을 반드시 지키는 것이 좋다. 매사가 그렇듯이 바둑 또한 과욕을 부리면 오히려 큰 손해가 날 수도 있기 때문이다.

또한 침입의 본질은 자기 진영의 발전보다 상대방 진영의 발전만을 염두에 둔 욕심 많은 사고에서 출발하기 쉽기 때문에 파괴적인 성향이 있다.

따라서 초반의 성공과 실패가 극명하게 갈라지는 도박성이 있음을 잊지 않기 바란다. 물론 지나친 진영의 확장이 상대방의 침입욕을 자극하는 경우가 없는 것은 아니다.

그림에서처럼 흑이 ❶, ❸, ❺ 따위로 확장에만 급급해 한다면 백은 ⑥~⑫까지 흑진영 안에서 쉽게 자리를 잡게 될 것이 불을 보듯 뻔한 것이다.

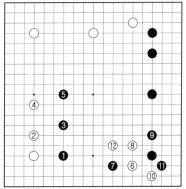

앞에서 보는 바와 같이 진영의 확장과 삭감은 이처럼 필연적 불가분의 관계에 놓여 있다. 그리고 두고 싶은 곳을 찾아가는 순서도 서로 바꿀 수 없다. 왜냐하면 먼저 바꾸는 쪽은 반드시 손해를 볼 수밖에 없기 때문이다. 바로 이것이 바둑의 수순이라는 것이며, 따라서 이 수순은 필연적일 수밖에 없다.

6. 요처에도 수순이 있다

"요처의 점거는 수순을 필요로 하고, 수순은 필연성을 전제로 한다."

요처를 차지하는 데에는 서로 어쩔 수 없이 순서를 지킬 수밖에 없다. 그

이유는 수순에 필연성이 있기 때문이다. 아무리 요처라고 하더라도 마구 둘
수는 없는 것이다. 왜냐하면 그 곳까지 가는 과정은 반드시 일정한 흐름을 거
쳐야 하기 때문이다. 예를 들어 다음 그림을 보기 바란다.

흑❷의 협공은 흑이 후수를 전제로 한 정석이다. 만약에 [그림1]에서처럼
흑이 이를 망각하고 중간에 큰 곳이라고 생각하고 흑❽의 곳을 둔다면 바둑
을 다시 배워야 한다. 흑❽이 큰 곳임에는 틀림이 없지만 정석 과정의 손빼기
는 대단히 위험한 일이다. 백이 ⑨, ⑪로 가차없이 돌파해 온다면 흑❷의 취
지가 무색해짐은 물론이고 바둑 전반의 주도권은 순식간에 백에게 넘어가고
만다. [그림2]에서처럼 백에게 ⑨의 큰 자리를 허용하더라도 흑❽로의 수비
는 절대점인 것이다. 바로 이런 상황이 존재하기 때문에 요처를 차지하려는
과정에는 수순의 필연성이 있다는 것이다.

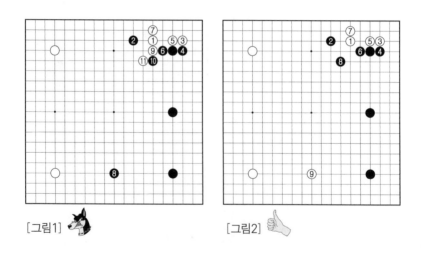

[그림1]　　　　　　　　　　　[그림2]

7급부터 배우는 굳힘

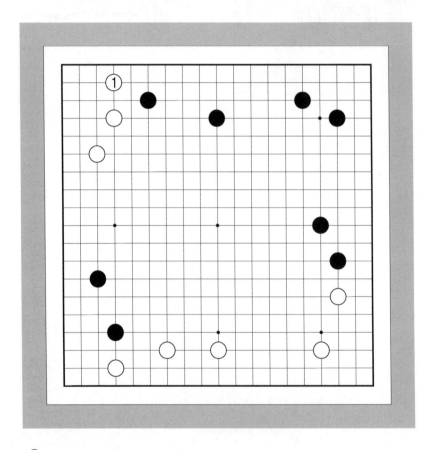

⬤ 둘 차례

백①의 지킴은 시급하지 않았다. 진영의 입체화가 얼마나 중요한지 몰랐기 때문이다. 정작 시급한 곳은 어디일까?

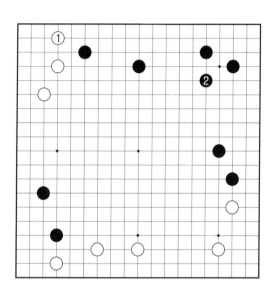

흑❷로 우상 일대의
흑진영은 완벽한 모
양을 완성했다. 이처
럼 진영을 입체화시
키는 수를 잊지 않기
바란다.

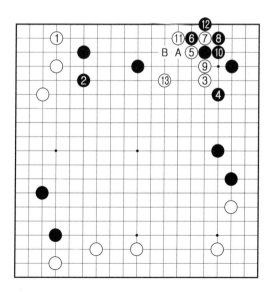

흑❷로 단순히 확장
을 하려는 것은 확장
의 기본원리를 모르
는 것이다. 백③~⑬
까지 진행을 보라. 흑
진영이 얼마나 볼품
없게 되었는가를. 백
⑬의 행마도 꼭 기억
하라. 흑A라면 언제
든지 백B로 버릴 준
비가 되어 있다.

┃ 다케미야류의 진영

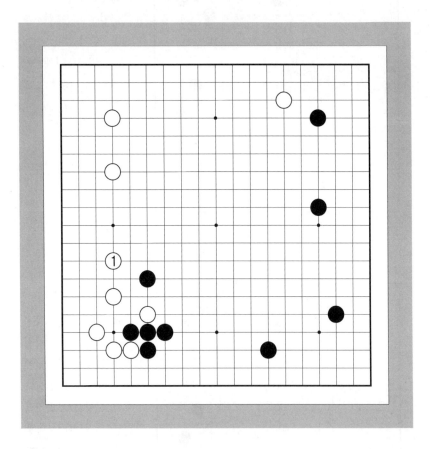

● 둘 차례

확장선이 구축되고 나면 상대의 삭감을 항상 염두에 두어야 한다. 진영의
완성시기를 놓치면 구축한 확장선은 아무런 쓸모가 없게 되는 수가 많다.
백①로 지킨 장면에서 흑은 확장이냐 완성이냐의 기로에 서게 된다.

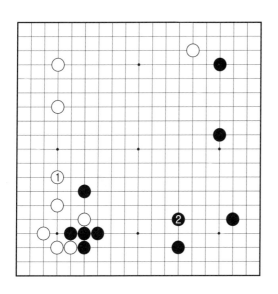

흑❷가 좌우 흑진영을 배치를 고려한 입체적 완성의 한 수이다. 이 수를 태만히 하면 단 하나뿐인 흑진영은 발전성을 상실하고 만다.

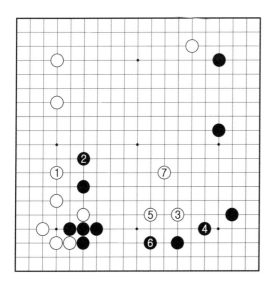

단순히 확장만을 생각하는 것은 현명치 못하다. 백③의 곳을 백에게 허락하게 되면 그 동안의 확장은 물거품이 되고 만다.

이것도 7급의 굳힘

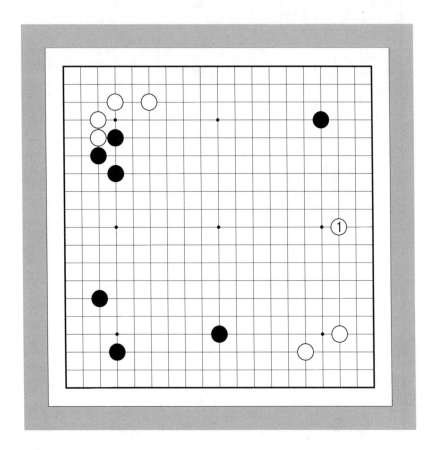

● 둘 차례

백①의 전개는 놓칠 수 없는 큰 곳이다. 이제 흑은 좌변에서 좌하에 이르는
진영을 완성시킬 수 있는 귀중한 선수를 얻었다.

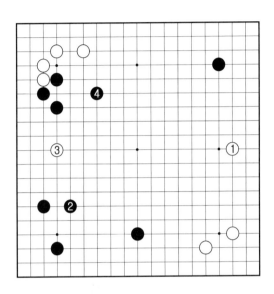

역시 흑❷의 한 수이다. 백③의 갈라침에는 흑❹로 크게 뛰어 공격할 수 있다. 백도 이 그림을 선택하지는 않을 것이다. 여러 각도에서의 응수타진을 통해 교란전술을 벌이겠지만 흑은 유리한 상황에서 싸울 수 있는 환경이 이미 조성되어 있다.

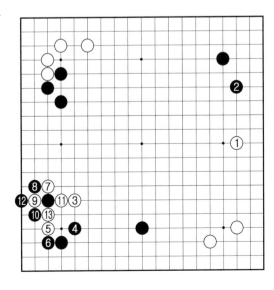

우상귀의 흑이 고립될 것이 두려워 흑❷로 지키는 것은 소심하다. 백③의 곳을 백에게 당하면 좌변의 흑진영은 볼품이 없이 오그라들고 만다.

대마 킬러 가토의 굳힘도 7급의 굳힘과 같다

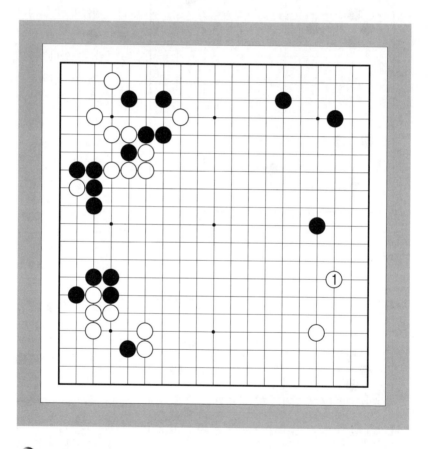

● 둘 차례

백①은 놓칠 수 없는 큰 곳이다. 흑은 상변에서 우변에 이르는 커다란 진영을 입체화시킬 필요가 있다.

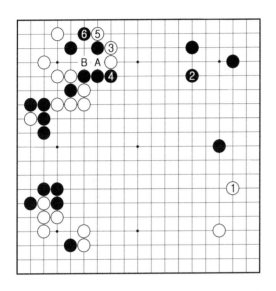

역시 흑❷의 곳 한
수이다. 백③의 공격
은 감수해야 한다. 백
A는 언제든지 B로
강하게 받아 패로 싸
울 태세를 갖춘다.

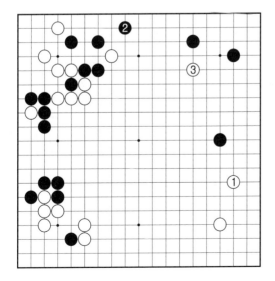

 실 격

흑❷가 보통의 경우
정수이다. 그러나 현
재의 상황은 부분적
인 것에 얽매일 때가
아니다. 백③을 당하
고 나면 이 곳 흑진
영의 발전은 더 이상
기대할 수 없게 된다.

위력적인 양 눈목자

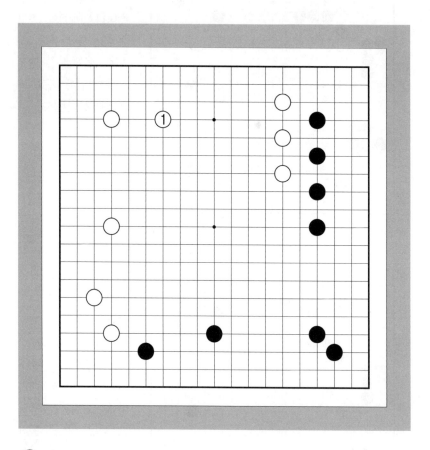

● 둘 차례

흑백간 서로 큰 진영으로 대치하고 있는 장면이다. 백이 ①로 지킨 것은 놓
칠 수 없는 완성의 요처인데, 흑은 귀중한 선수로 어디에 착점할 것인가?

정해

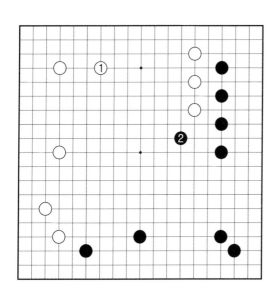

서로 대치(경합)하고 있는 곳의 확장점은 큰 곳이기 전에 급한 곳이다. 흑❷가 바로 그곳으로 서로 놓칠 수 없는 확장의 요처가 된다.

실격

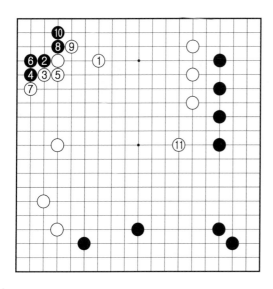

"남의 집이 커 보이면 진다."는 바둑의 격언이 있다. 백집이 크게 보여 귀를 빼앗는 순간 귀중한 선수는 백의 차지가 되어 백⑪로 확장의 요처는 거꾸로 백의 차지가 된다.

중앙으로 한 칸 뛰는 수에 악수 없다

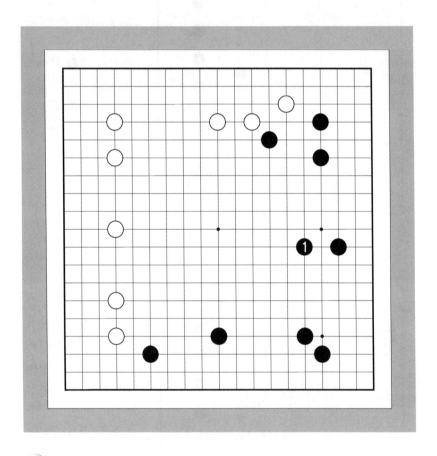

● 둘 차례

흑❶로 진영을 완성한 장면이다. 백은 이제 흑진영에 적절한 침입이 쉽지 않으므로 맞대항할 확장의 요처를 선점해야 한다.

정해

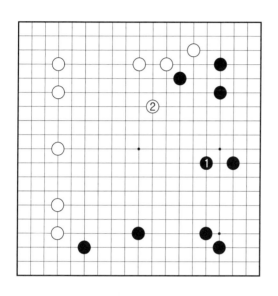

서로 대치되어 있는 백②의 곳이 놓칠 수 없는 확장의 요처가 된다. 이 수로 흑의 확장은 축소되며, 백이 확장되기 시작한다.

실격

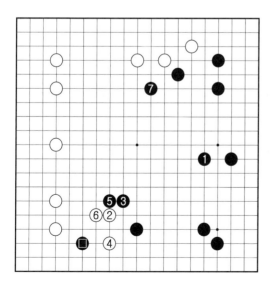

백②의 쪽부터 확장하려는 것은 흑에게 ❸의 반격을 허용하여 후수를 잡게 된다. 흑은 대망의 선수를 뽑아 흑❼의 요처를 선점하게 된다. 더구나 좌하귀의 흑▣ 1점은 아직도 맛이 남아 있다.

확장 이전의 구축 ⓵

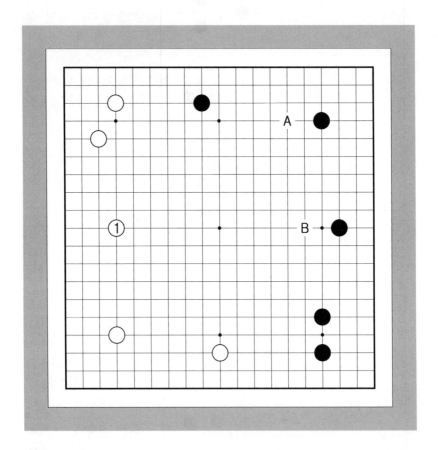

● 둘 차례

진영을 확장하려면 먼저 골격을 세우는 것이 순서이며, 이는 전략적 배치에 해당한다. 초반은 『**구축→ 확장→ 완성**』의 순으로 짜이는 경우가 대부분이다. 백①에 대해 흑은 A와 B 중 어느 쪽을 선택해야 하겠는가?

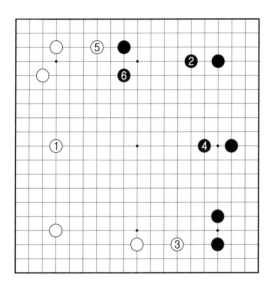

흑②의 곳이 최우선.
상변과 호응한 이 자
세를 꼭 기억해 두기
바란다. 이후 무난한
진행이라면 흑⑥까지
가 되는데, 이제부터
확장과 완성의 수순
이 필요하게 될 것이
다.

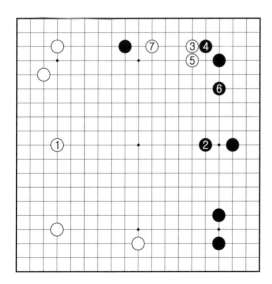

흑②로 먼저 입체화
시키려는 것은 수순
착오이다. 골격이 없
이 만들어지는 입체
란 없다. 백③의 걸침
으로 흑의 구도는 더
이상의 확장이 없다.

확장 이전의 구축 2

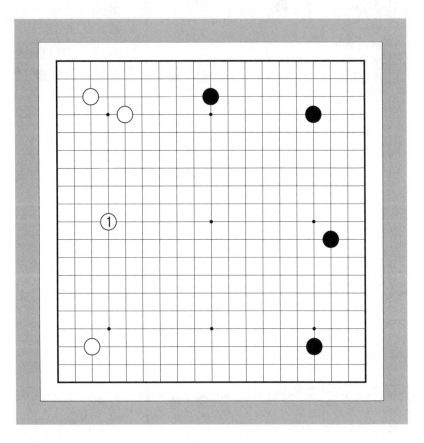

● 둘 차례

백①이 놓여진 장면에서 흑은 어떻게 골격을 세우는 것이 수순이 되겠는가?

Hint 초반 포석의 수순 『**구축→ 확장→ 완성**』

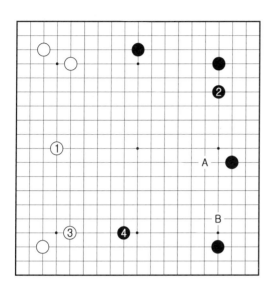

흑❷의 곳이 골격을 세우는 구축의 장소이다. 이 곳이 빠진 상태의 확장은 실속이 없게 된다. 흑❹까지 확장하여 백A나 B를 기다려 전투에 돌입하게 될 것이다.

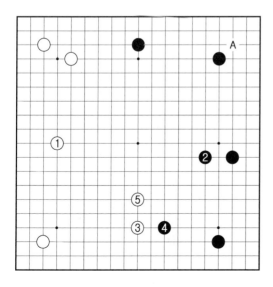

흑❷부터 입체화시키려는 것은 실속이 없을 수 있다. 백은 ⑤로 한 발 앞서 나가게 되며, 흑의 우상귀는 A의 3·三이 비어 있어 불만이다.

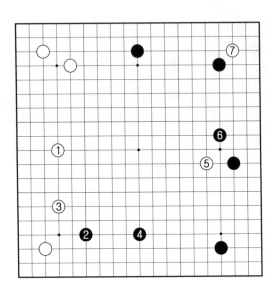

일단 흑❷, ❹로 넓게 포진할 수도 있겠지만 백은 ⑤로 확장선을 저지하고 3·三으로 침입하여 흑의 원래 작전과는 부합하지 않는다.

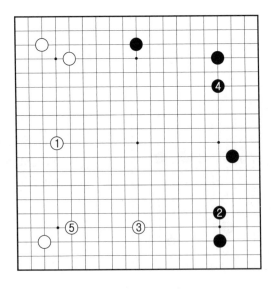

이 그림의 진행은 가장 졸렬하다. 백⑤까지의 결과를 보면 흑의 확장선은 눈을 씻고 보아도 찾을 수 없다.

5, 6선의 요처는 놓치지 마라 1

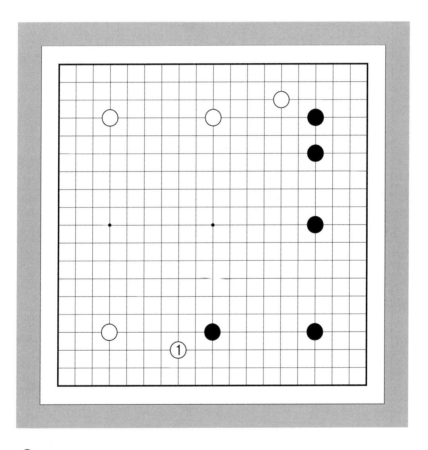

● 둘 차례

백①로 다가선 장면이다. 현대에는 이 형태가 정석화되어 있으므로 기억해 둘 필요가 있다. 확장과 완성의 수순이란 이런 것이다.

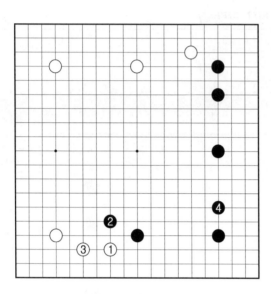

흑❷의 확장과 흑❹
의 완성이 수순이다.
흑진영은 앞으로 얼
마간의 확장이 더 예
상된다.

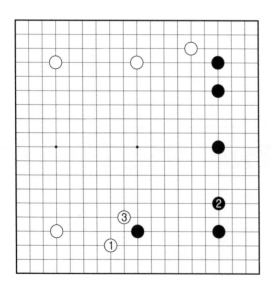

흑❷로 먼저 완성을
서두르는 것은 조급
하다. 백③의 곳을 당
하면 누가 확장하고
있는지 모르게 된다.

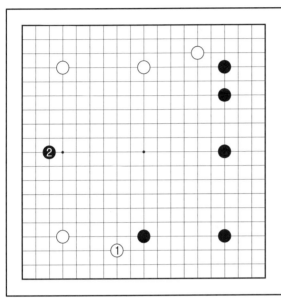

참고

흑❷의 갈라침도 하나의 방법이지만 확장전술과는 관계없으므로 나중 기회에 설명하기로 하겠다.

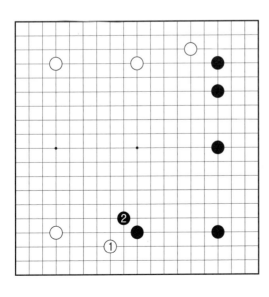

변화

흑❷도 유력한 수. 후수이기는 하지만 좌변으로부터 좌하귀를 내려다보며 중앙쪽에 힘을 비축하고 있다.

5, 6선의 요처는 놓치지 마라 2

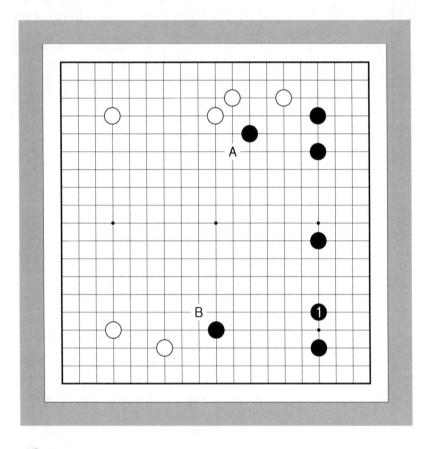

🌑 둘 차례

흑이 ❶로 진영을 완성한 장면이다. 백은 완성된 흑진영이 다시 확장되는 것을 저지해야 한다. 그리고 방대한 규모의 흑진영에 맞대응할 백진영도 갖출 필요가 있다.

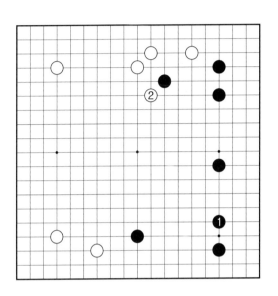

백②의 곳이 포인트
이다. 이로써 흑의 확
장은 저지되고 백의
확장이 시작된다.

미흡

이 곳도 확장선임에
는 틀림없으나 A의
침입의 맛을 없애는
것이 불만이다.

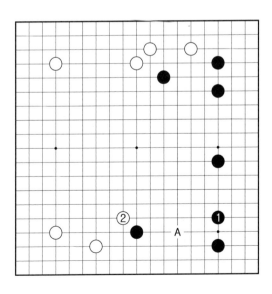

158

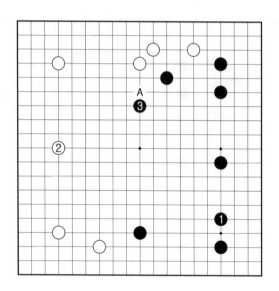

흑의 확장을 간과하면 흑❸ 또는 A의 곳으로 확장하게 되는데, 이 규모는 전판을 압도하고도 남는다.
완성 후의 확장은 더 두려운 것이다.

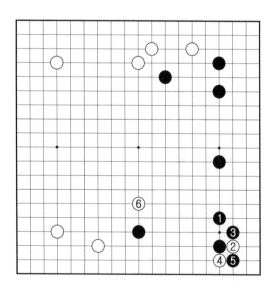

난해

이렇게 뒷맛을 남기고 전환하는 수법들은 난해하여 기력이 약한 분들은 흉내낼 일이 못 된다. 따라서 권하고 싶지도 않다.

┃ 5, 6선의 요처는 놓치지 마라 🌀

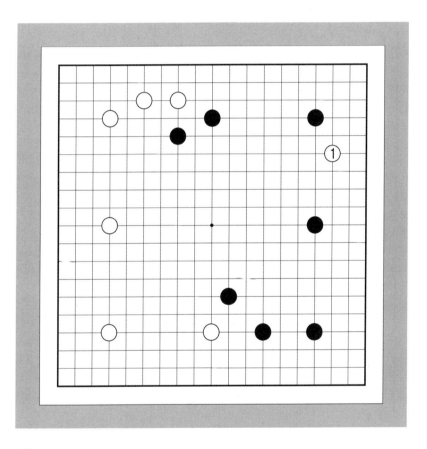

🌑 둘 차례

백①로 침투한 장면이다. 처음의 작전대로 흑진영을 구체화시키려면 귀를 내주어야 하는데, 그전에 반드시 선결해야 할 수순이 있다.

160

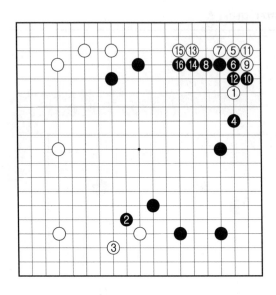

흑❷의 곳이 확장의 요처이다. 이 곳을 먼저 하여 백③을 응수시킨 후, 흑❹로 전환하는 것이 수순이다.

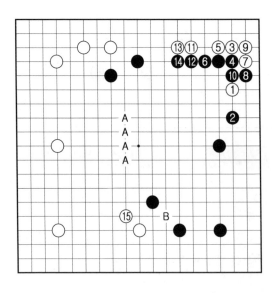

그냥 흑❷로 두는 것은 후수가 되어 백⑮의 요처를 백에게 내주게 된다. 이후 백은 A선에서 삭감을 시도할 수 있으며, B의 곳도 흑에게 부담으로 남을 수 있다.

5, 6선의 요처는 놓치지 마라 4

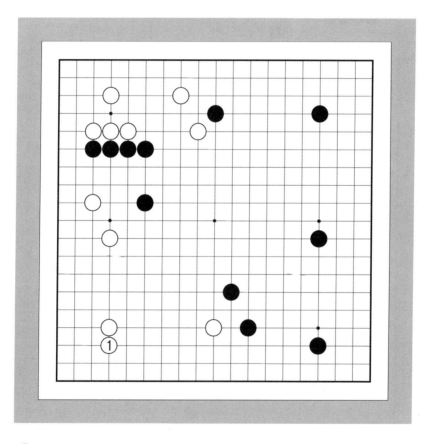

● 둘 차례

백이 ①로 귀를 지킨 장면이다. 좌상 쪽의 흑 일단이 완벽하지 못한 점을 고려하여 확장해 보기 바란다. 확장은 필연성이 결여되면 그 가치가 없다.

162

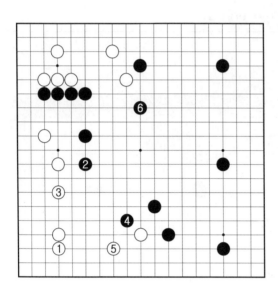

좌상귀의 약한 돌을
보완하기 위해 흑❷
로 두어 백③을 강요
한 후 흑❹의 확장과
더불어 흑❻까지 중
앙 쪽의 광대한 공간
을 포위하고 있다.

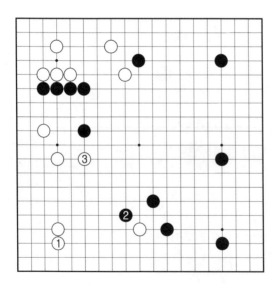

수순 착오

흑❷를 먼저 두는 것
은 백③의 반격을 먼
저 받을 수 있다. 이
진행은 앞의 그림과
비교하여 흑에게 다
소 불만이 있다. 수순
에 필연성이 결여됐
기 때문이다.

행마로 연결되는 중앙의 포위선

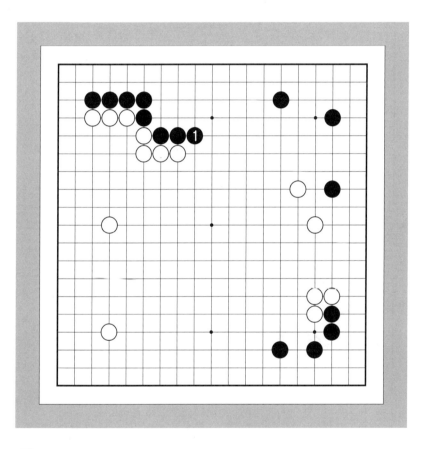

⚪ **둘 차례**

커다란 연결상태의 포위선을 구축하는 것이 확장의 원리다. 이 포위선은 향후 전투가 발생할 경우 중요한 작전선이 된다. 따라서 이 곳만은 돌파당하지 않겠다는 의지가 필요하다.

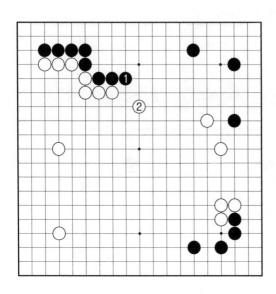

백②의 곳이 절대점이다. 이 곳을 돌파당해서는 백의 확장전술은 선회할 수밖에 없다. 좌상귀에서 시작한 포위선이 우변과 연결되어 있음에 유의하라. 이 포위선으로 인해 상변과 우상 쪽의 흑진은 불안한 진영이다.

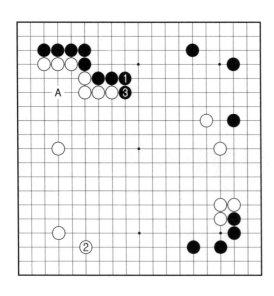

흑❸의 꼬부림을 당하는 순간 백은 A의 약점이 노출되고 있다.

포위선도 한 칸 뜀부터

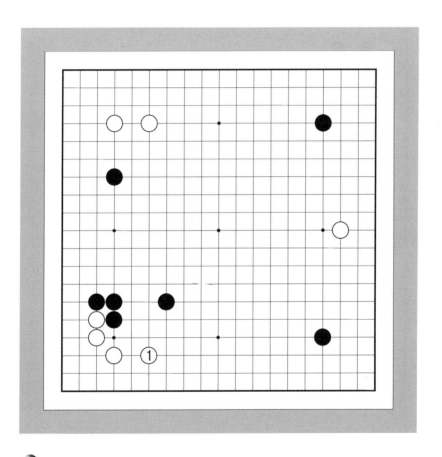

● 둘 차례

확장선을 찾으려면 대치하고 있는 장소의 관찰이 필요하다. 대치하고 있는
곳의 확장은 그 가치가 2배이기 때문이다.

166

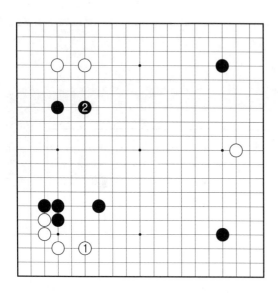

흑❷의 곳을 백에게 허락할 수는 없다. 대치하고 있는 확장의 요처이기 때문이다.

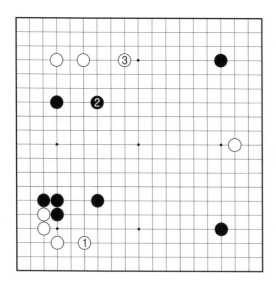

욕심

흑❷로 크게 뛰는 것은 욕심이다. 백③으로 지키면 흑의 진영 속에는 침입의 여지가 남는다.

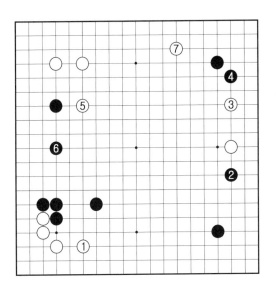

백에게 ⑤의 곳을 허
락하면 좌변의 흑진
은 그야말로 바람이
빠진 풍선꼴이 되고
만다.

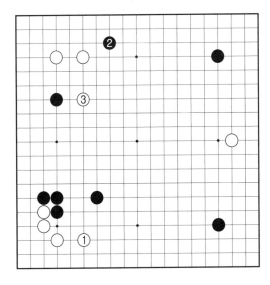

흑❷는 공격이 아니
다. 자청해서 백③을
얻어맞고 있는 무모
한 이적수다.

▌삭감 후 침입은 기본

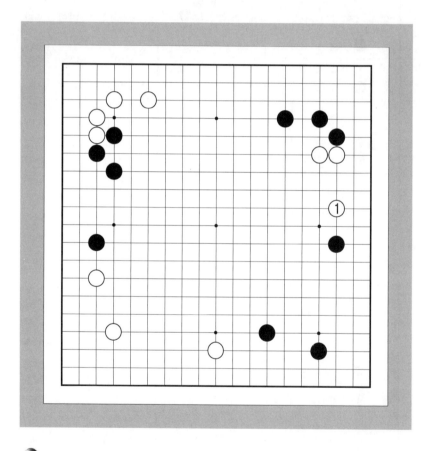

● 둘 차례

백①의 전개로 우상변이 일단락된 장면이다. 대치하고 있는 장소에 확장의 요처가 있으며, 확장은 필연적 수순이라는 데 착안해야 한다.

정 해

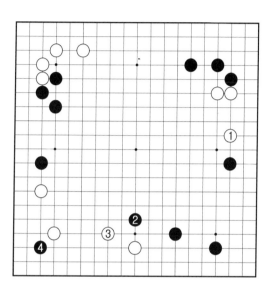

흑❷의 확장에 이어
흑❹의 3·三 침입이
필연적인 수순이다.
우상 방면은 백이 약
하므로 확장선이 돌
파될 염려는 없다.

실 격

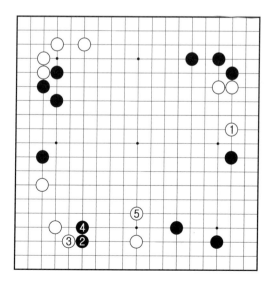

흑❷로 갈라쳐 공격
하려는 발상은 좋으
나 백이 ⑤로 솟구쳐
오르면 우하 쪽 흑진
영의 확장은 기대할
수 없으며, 난전의 양
상이 예상된다.

170

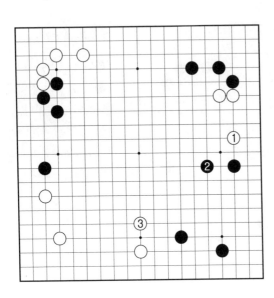

필연성의 결여

흑❷의 확장도 생각
할 수 있지만 흑은
우상쪽 백은 살기만
할 작정을 하고 백③
을 선택하게 될 것이
다.

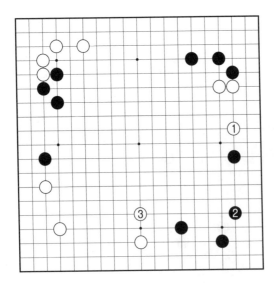

흑❷의 지킴은 옹졸
하다. 이렇게 두어서
는 승리를 기대할 수
없다.

평범한 5, 6선의 요처 ①

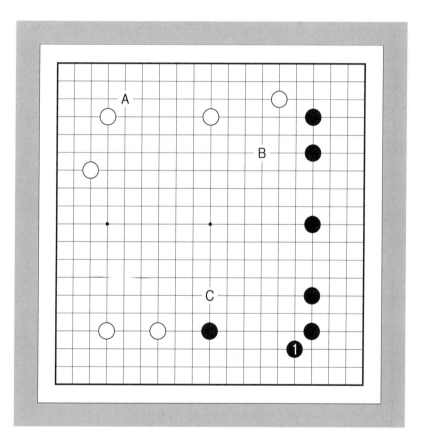

🌑 둘 차례

흑이 ❶로 진영을 완성한 장면이다. 백은 이제 완성된 흑진영이 확장되는 것을 견제해야 한다. A ,B ,C의 곳 모두 훌륭하지만 착수는 한 곳 뿐이다.

172

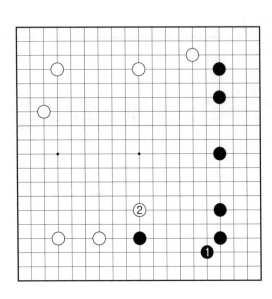

 정해 1 👍

완성된 곳이 확장되
는 것은 두려운 일이
다. 이 곳이 더 확장
되는 것은 무조건 견
제해야 한다. 백②가
바로 흑의 확장을 저
지할 수 있는 요처이
다.

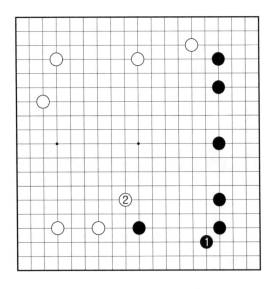

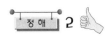 정해 2 👍

백②가 더 유력할지
도 모른다. 어쨌든 이
부근이 포인트이다.

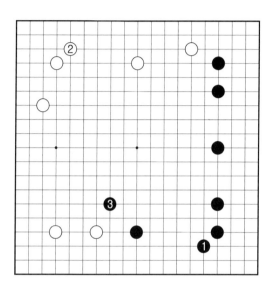

백도 ②로 백진을 완성시킨 후 대항을 하고 싶지만 한 발 늦은 진행이다. 확장의 요처를 흑❸이 선점하여 확장당하는 것은 백으로서는 견딜 수 없는 일이다.

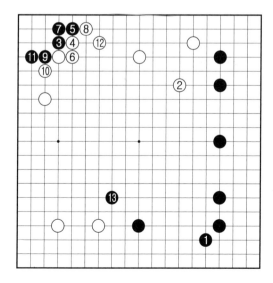

백②는 확장전술의 수순에서 필연성이 결여되어 있다. 흑❸~⓫까지 진행된 후 흑⓭의 곳을 흑이 선점하고 나면 백②의 곳이 그다지 크지 않음을 알 수 있다. 이것이 전술상의 수순이라는 것이다.

▌ 평범한 5, 6선의 요처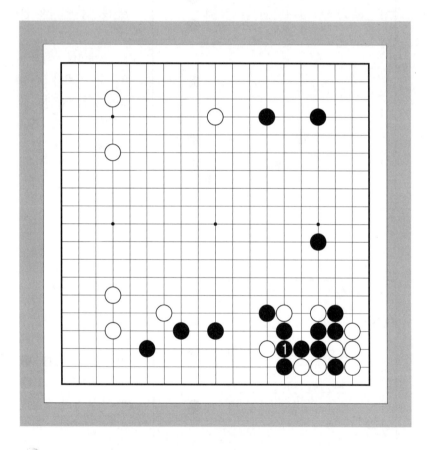

● 둘 차례

흑❶로 우하 쪽의 진행이 일단락된 장면이다. 우변에서 하변에 이르는 흑진
영의 확장을 견제하는 곳은 어디일까?

정해

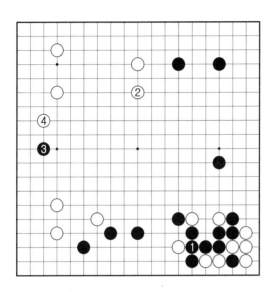

평범한 듯하지만 백 ②로 뛰어 두는 곳이 확장의 요처이다. 이 곳을 흑에게 허락하 면 흑의 확장이 다시 시작된다.

실격

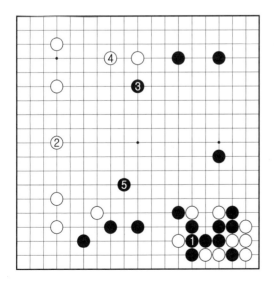

백②로 진영을 확보 하는 것은 확장의 두 려움을 모르는 것이 다. 흑❸에 이어 ❺로 뛰면 우변과 하변의 흑진영이 갑자기 무 섭게 확장되기 시작 한다.

평범한 5, 6선의 요처 ♨

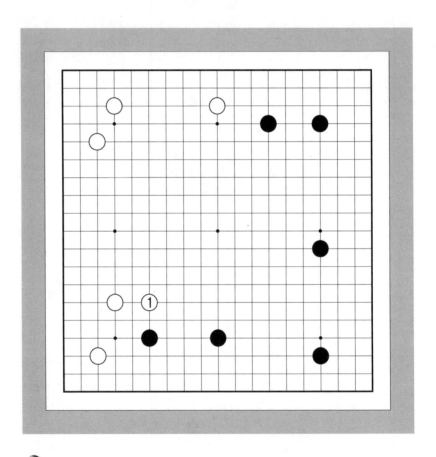

● 둘 차례

백①로 진영을 확장한 장면이다. 흑은 어느 곳부터 확장을 견제하며, 자기 진영을 확장할 수 있는가? 참고로 백①은 최선이었다.

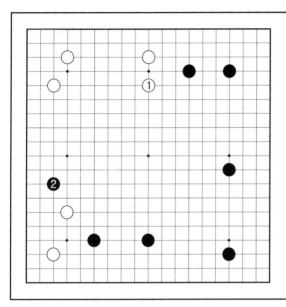

참고

문제도의 백①이 최
선인 이유는?
백①로 상변을 확장
할 경우 흑은 좌하귀
백의 턱밑에 흑❷로
육박할 수 있기 때문
이다.

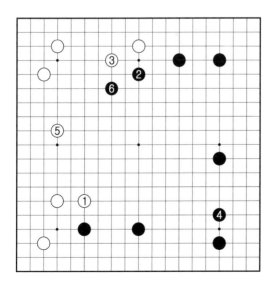

정해

흑❷의 곳이 확장선
의 요처이다. 백③을
강요한 후 흑❹로 완
성하고 백⑤를 기다
려 흑❻으로 확장한
다. 모두 필연의 수순
이다.

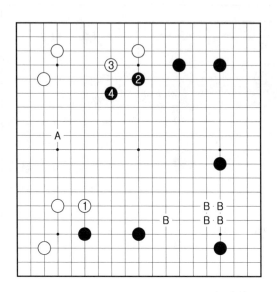

수순의 실격

정해의 흑❹로 우하귀
를 두지 않고 이 그림
처럼 확장을 계속한다
면 백은 A에 두지 않
고, B지점의 우하귀
를 착수하게 될 것이
다.

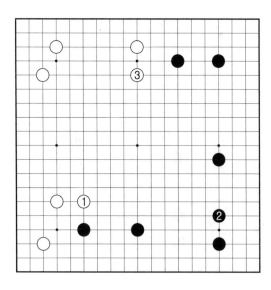

그렇다고 흑❷로 먼
저 수비한다면 백③
으로 확장의 요처를
내주게 될 것이다. 초
반의 수순은 이처럼
중요한 것이다.

전개에는 한계선이 있다

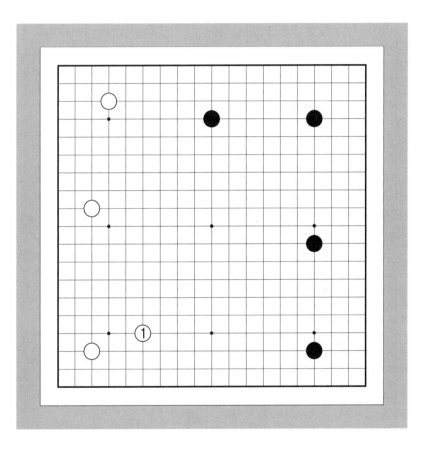

● 둘 차례

최초의 확장선이 만들어지는 전개의 한계는 어떻게 결정하는가? 백①로 굳힌 장면에서 흑은 하변을 어디까지 벌릴 수 있겠는가?

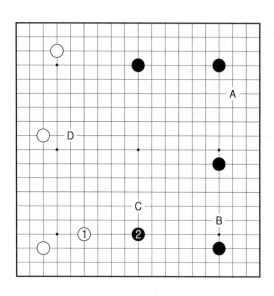

정 해

흑❷가 가장 합리적인 곳이다. 좌하귀 백의 확장을 최대한 제한하면서 우하 쪽의 흑과 호응하는 한계지점이 된다. 이후 진행의 포인트는 A, B, C, D의 4곳이다.

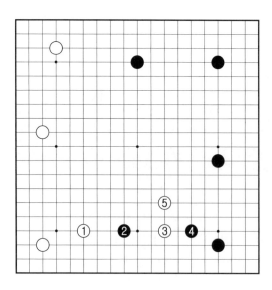

실 격

흑❷는 백진에 너무 다가섰다. 백은 이를 응징하여 즉시 갈라쳐 공격할 것이다. 흑은 뿌리를 내릴 수 없으므로 같이 뛰어 나갈 수밖에 없는데, 그렇다면 우변 쪽의 흑진영은 자연적으로 확장선이 소멸될 것이다.

전개에는 한계선이 있다 ②

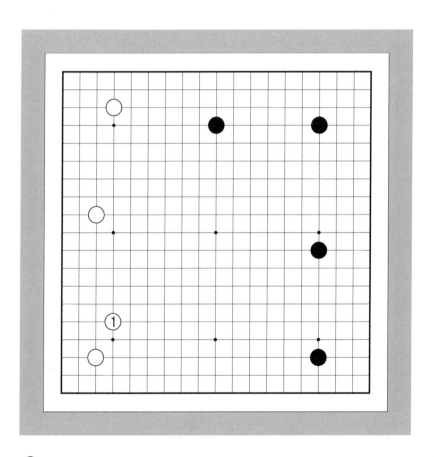

● 둘 차례

앞 문제의 변화이다. 이번에는 백이 ①로 굳힌 장면인데, 흑은 어디까지 전개할 수 있겠는가?

182

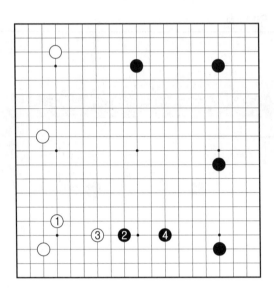

흑은 ❷의 곳까지 전
개할 수 있다. 오른쪽
을 갈라쳐도 뿌리를
내릴 수 있는 공간이
있으므로 충분히 싸
울 수 있으며, 백③으
로 받으면 흑❹로 지
켜 백의 진영보다 흑
의 진영이 확실히 넓
다.

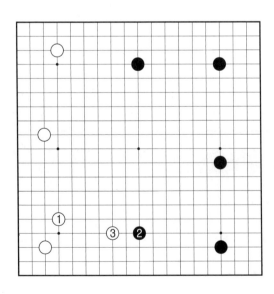

흑❷는 지나치게 안
전한 전개이다. 백도
③으로 육박하여 불
만이 없다.

한계선을 넘었다면

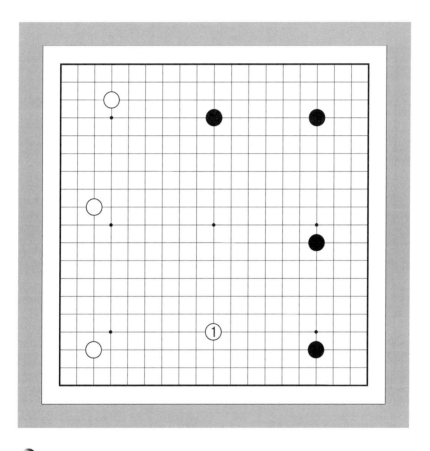

● 둘 차례

이번에는 처음부터 백①로 하변을 넓힌 장면이다. 흑은 이때 어떤 전술을
선택하는 것이 유리하겠는가?

184

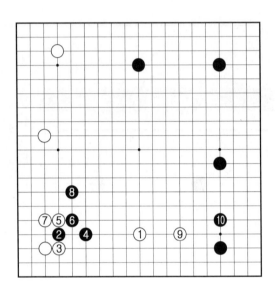

정해

흑❷는 3·三의 진영
이 완성되거나 확장
되는 것을 제한하는
요처다. 흑❹로 경쾌
하게 뛰는 수순이 긴
요하며, 이하 흑❿까
지 좌하 쪽의 백진영
은 더 이상의 확장이
없다.

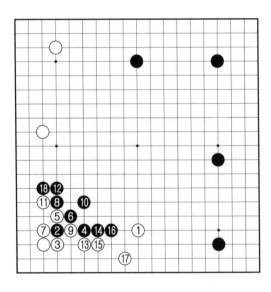

변화

정해의 변화

백이 이 변화를 택한
다면 흑⓲의 누름이
통렬하여 이번에는 좌
상 쪽의 백이 허술해
진다.

변 화

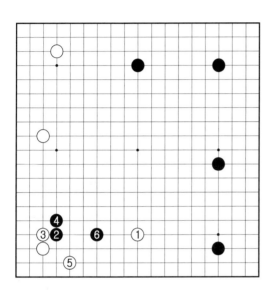

정해의 변화

백이 ③쪽을 미는 변화도 있겠지만 흑❻까지 이미 백의 확장선은 지워지고 있다.

실 격

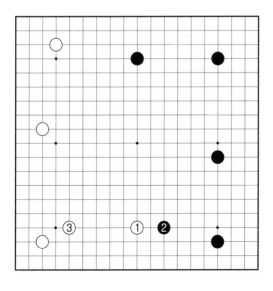

흑❷로 지키는 것은 너무 옹졸하다. 백이 ③으로 진영을 완성시키면 이젠 백의 진영이 흑의 진영을 능가한다. 이처럼 한 수로 우열이 뒤바뀌는 것이 초반전술이다.

무리한 삭감의 응징은 간접적으로

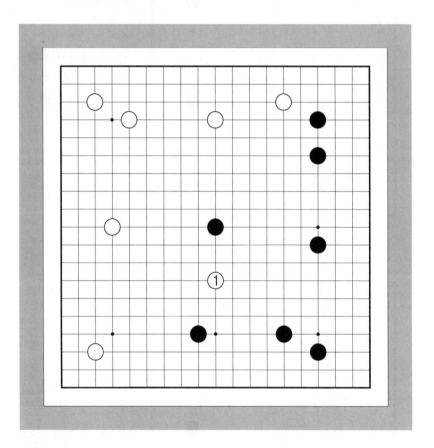

● 둘 차례

백①의 삭감은 흑진영의 완성을 축소시키려는 의지가 있다. 그러나 주변상
황을 고려하지 않은 무리수다. 흑은 이 기회를 포착하여 주도권을 잡을 수
있다.

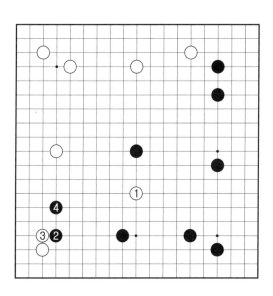

백①을 직접 공격하는 것은 하수적인 발상이며, 백이 바라는 바이다. 흑❷, ❹로 천천히 포위망을 구축한다. 이른바 성동격서(聲東擊西)의 전략이며, 양동작전이다.

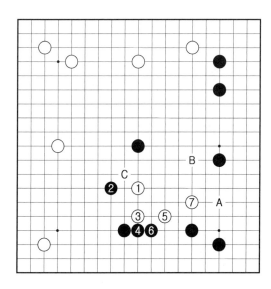

흑❷처럼 조급한 공격은 통하지 않는다. 백⑦까지 진행되고 나면 백의 활로는 A, B, C로 늘어나게 되고, 흑진영만 축소되고 만다.

삭감과 침입의 선택권은 상대방에게 있다

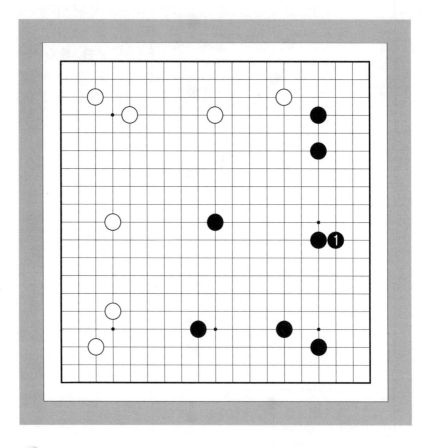

● 둘 차례

이번에는 흑❶로 진영 깊숙이 침투할 수 없도록 견고하게 수비한 장면이다.
백은 어디부터 삭감해야 할 것인가?

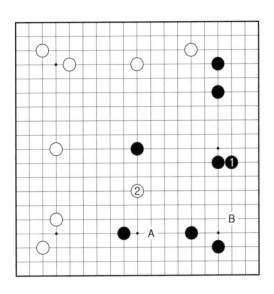

당연히 백② 쪽의 삭
감이 시급하다. 좌하
의 백이 견고하여 이
백은 쉽게 공격당하지
않는다. A나 B쪽의
침입은 무리이다.

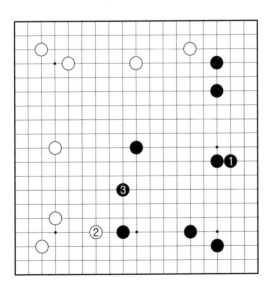

백② 따위로 자기 집
짓기에 한눈을 팔았다
가는 흑❸으로 방대한
흑진영이 완성되어 더
이상 손을 쓸 수 없게
된다.

침입의 공방은 사활이 아니다

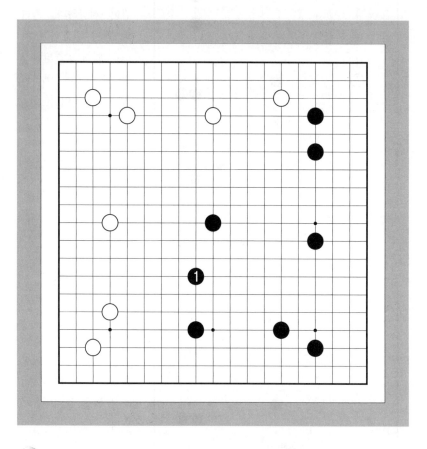

⬤ 둘 차례

실전에서는 전투를 유도해야 하므로 흑❶로 두게 될 것이다. 방대한 흑진영이 완성되면 백은 승리를 기대할 수 없다. 어디부터 침투해야 할까?

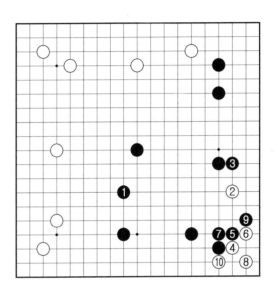

정해

침투할 곳은 백②의 곳뿐이다. 단지 조심해야 할 것은 백②를 무조건 살리려고 하는 수는 무모하다. 백②를 이용하여 귀를 사는 정도로 만족할 수밖에 없다. 왜냐하면 주위의 흑세력이 너무도 강하기 때문이다.

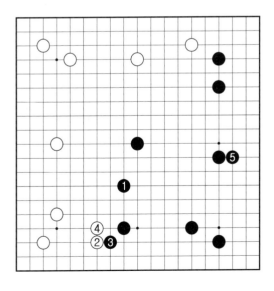

실격

백②로 집짓기에 열중하다가는 흑❺로 흑진영이 완성되면 이제는 침투할 곳도 없다.

모든 삭감은 그 한계선이 있다

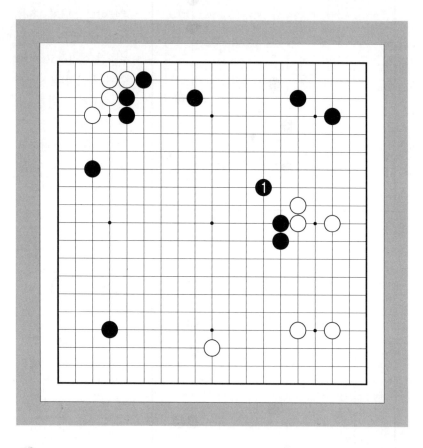

🔘 **둘 차례**

흑이 ❶로 중앙에 포위선을 구축하고 있는 장면이다. 백은 흑진영이 확장되기 전에 돌파하거나 축소시킬 필요가 있다.

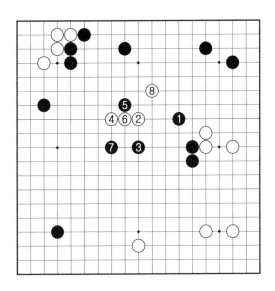

백②의 곳이 포위선의 중심이다. 아직 상변의 흑이 견고하지 않으므로 여기까지 육박해도 좋다. 흑❸, ❺, ❼의 공격에는 백⑧로 더 깊숙이 침입할 수 있다.

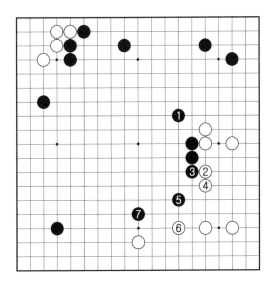

흑의 포위선이 확장되고 있음에도 한가하게 백②, ④ 등으로 자기 집을 짓는다면 흑❼에 이르러서는 삭감의 기회가 없다.

▌ 접바둑에도 있는 삭감

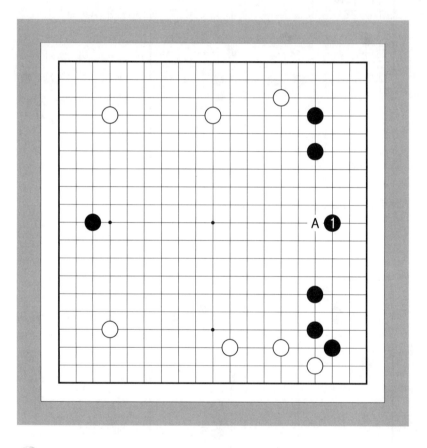

⬤ 둘 차례

기초적인 삭감의 형태를 검토해 보자. 흑❶은 잘못된 지킴이다. A가 정수인데 과연 흑❶은 어떤 약점을 갖고 있는가?

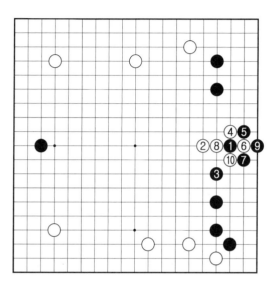

가장 큰 약점은 백② 의 모자 씌움이다. 이 수로 흑의 우변은 중 앙 쪽의 확장이 철저 히 제한된다. 백⑩까 지를 보면 우변이 얼 마나 유린될 수 있는 가를 알 수 있다.

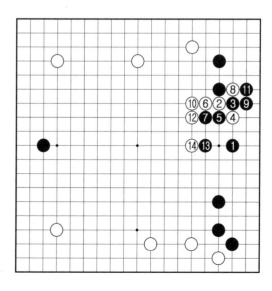

정해 2

백② 쪽의 붙임에 우 변을 끝까지 보존하려 면 백⑭까지 상변에 백의 세력권을 허용해 야만 한다.

5, 6선은 삭감의 보고

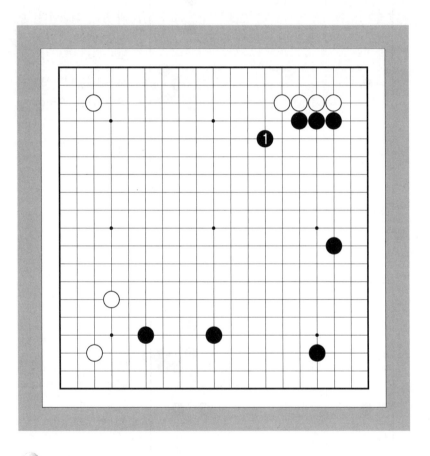

🌑 **둘 차례**

흑이 ❶로 진영을 확장한 장면이다. 백은 넓은 흑진영이 완성되기 전에 삭감을 서둘러야 한다.

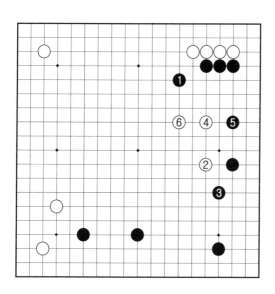

백②의 곳이 삭감의 요처다. 백⑥까지 안정하고 나서 우하귀부터 하변에 이르는 흑진영에 침입을 노린다.

변화

정해의 변화

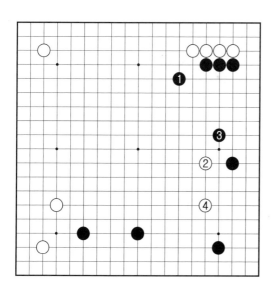

흑❸으로 응수하면 백④로 가볍게 두어 우하귀를 삭감할 수 있다.

198

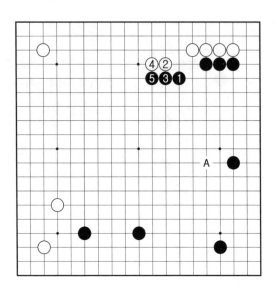

백②로 같이 단순하게 백의 진영을 확대하려는 것은 A의 삭감 기회를 놓칠 수 있어 위험하다. 흑❶~❺까지 흑의 세력권이 형성되면 A까지의 삭감은 너무 깊은 감이 있어 상당한 시달림을 당할 수 있는 위험이 있다.

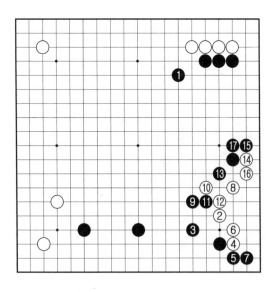

한동안 중국식 포석에서 사용되었던 형태인데, 이 경우는 적합치 않다. 백도 살았지만 흑⓱까지 우변과 하변의 흑진영이 거의 집으로 굳어졌기 때문이다.

5, 6선은 삭감의 보고 ②

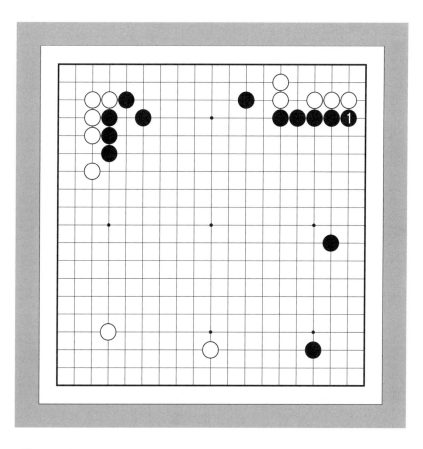

● 둘 차례

흑❶로 정석이 일단락된 장면이다. 백은 확장될 가능성이 있는 우변에서 우
하에 이르는 흑진영을 어디부터 삭감해야 할 것인가?

200

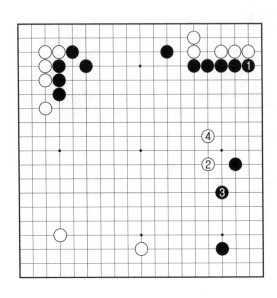

백②의 씌움이 삭감의
요처이다. 흑이 ❸으
로 응수하면 백④로
유유히 삭감한다. 우
하귀는 아직 완전한
흑집이 아니다.

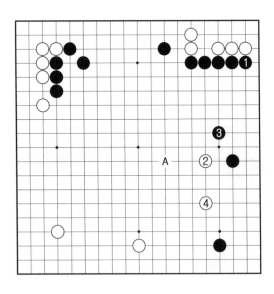

정해의 변화

앞과는 반대로 흑❸으
로 받는다면 백④로
우하귀를 삭감할 수
있다. 또 백④로는 A
에 둘 수도 있다.

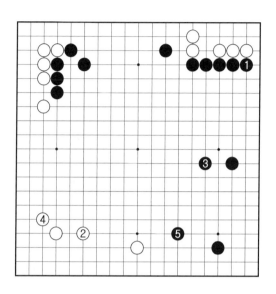

서로 집짓기식이 된다
면 흑❸, ❺로 완성된
흑진영이 더 넓고 발
전적이다.

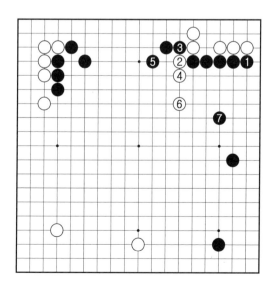

백②의 절단부터 전단
을 모색할 수도 있겠
지만 흑은 집을 지으
며 공격하게 되므로
백으로서는 불만이다.

5, 6선은 삭감의 보고 🐍

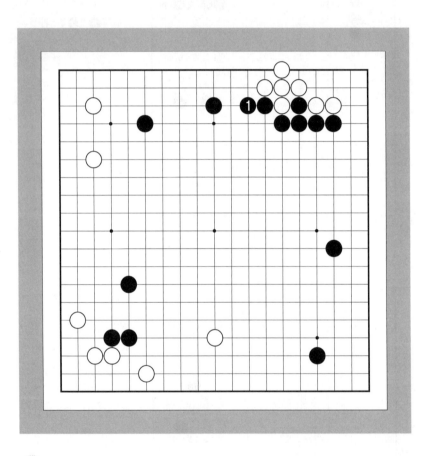

⚪ 둘 차례

흑❶로 상변을 두텁게 정리한 장면이다. 백은 우변의 넓은 흑진영을 방치할 수 없으므로 어떻게든 축소시켜야 한다.

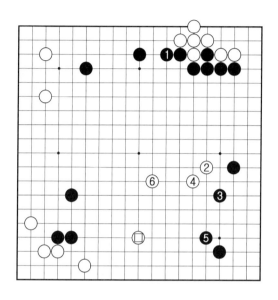

백②의 삭감은 이 한 수 뿐인데, 흑❸에 대해 백④의 행마가 긴요하다. 지원군 역할을 하는 하변의 백◻ 1점과 연결이 단절되는 것은 좋지 않기 때문이다.

반격의 소지

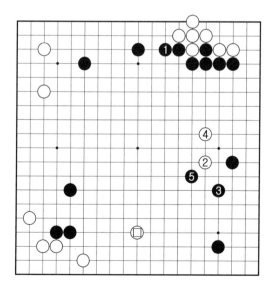

백④로 상변 쪽의 삭감을 서두른다면 ❺로 반격당할지도 모른다. 하변의 백◻ 1점은 좌하귀와 분리될 수 있으므로 위험하다.

204

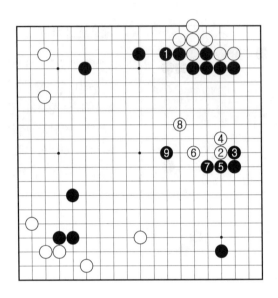

백②로 삭감하는 것은
흑❾까지 크게 공격당
할 수 있다. 상변의
흑세력이 철벽이기 때
문이다.

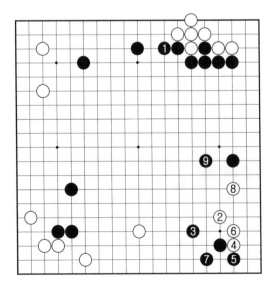

백②의 침입은 방향
착오이다. 흑❾로 상
변은 큰 집이 될 것이
다.

5, 6선은 삭감의 보고 4

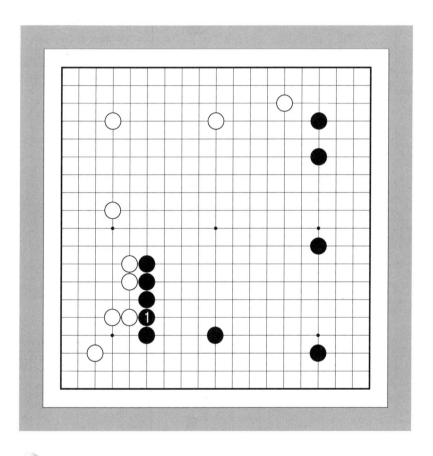

🌑 둘 차례

흑❶까지 철벽을 쌓은 장면이다. 백은 넓은 흑진영이 완성되기 전에 삭감을
서둘러야 한다. 어디쯤이 좋겠는가?

206

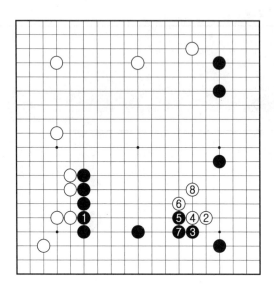

우선 ②의 곳이 적당
하다. 흑❸이 불가피
할 때 백④, ⑥으로
탄력 있는 형태를 만
들어 더 이상의 공격
을 받지는 않을 것이
다.

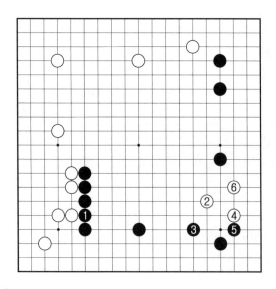

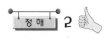

이 그림의 진행도 선
택할 수 있다. 백⑥까
지 뿌리를 내려 죽음
에 대한 두려움은 없
다.

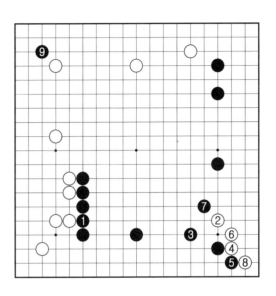

대다수는 백②로 걸치는 것을 선택할 것이다. 그러나 이것은 흑에게 선택의 여지가 많아 불만이다. 흑은 백⑧에 손을 빼고 좌상귀를 공략할 수도 있다.

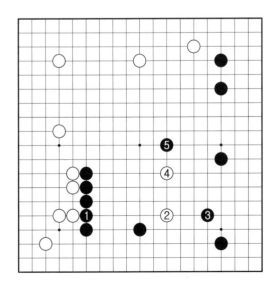

백② 쪽의 삭감은 좌측 철벽에 너무 가깝다. 흑은 ❸으로 집을 지으며, 백을 공격할 수 있어 백의 불만이다.

█ 확장할 때는 욕심을 버려야...

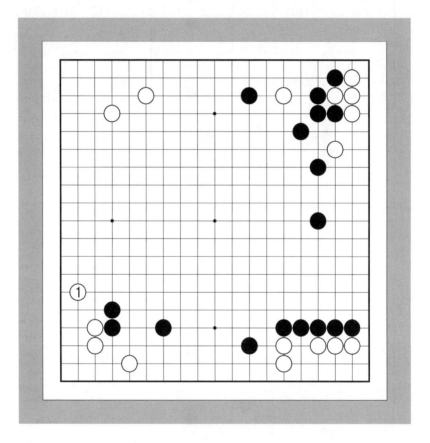

🔵 둘 차례

백①로 좌하의 정석이 진행된다면 흑은 어떻게 확장하는 것이 좋겠는가?
약점을 방치한 확장이 어떤 결과를 초래하는지 잠시 살펴보자.

Hint ➡ 포석은 급처(急處)→요처(要處)→대처(大處)의 순으로…

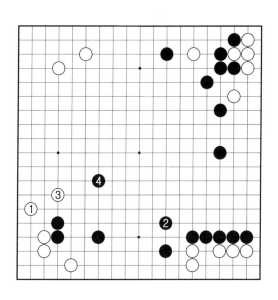

흑❷ 쪽을 지키는 것이 중요하다. 백③ 때 한 발 물러나 멀리 확장할 수 있다. 이를 간과하면 삭감보다 무서운 진영 내의 암습이 있다.

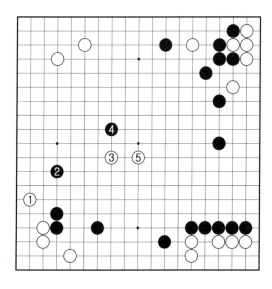

삭감

흑❷는 결론부터 말하자면 무리이다. 흑❷ 쪽의 삭감도 예상할 수 있으나 이보다 훨씬 더 강한 수단이 있다. 다음 문제에서 설명하기로 한다.

욕심의 끝은 파멸이다

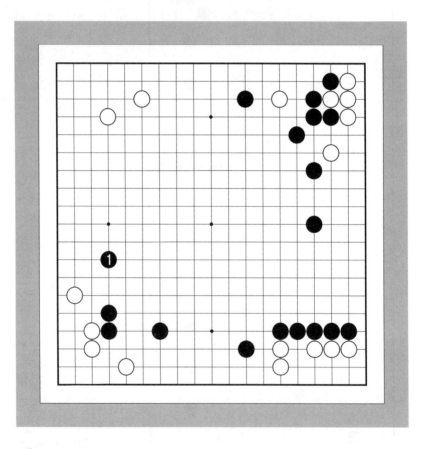

● 돌 차례

앞 문제의 계속이다. 흑❶은 정석의 끝이며, 자세가 좋아 당연한 듯 보이지만 실은 약점(급한 곳)을 방치한 무리수이다. 백은 어떤 응징이 좋겠는가?

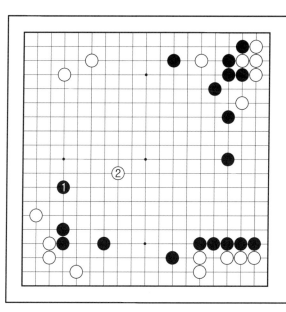

평범한 삭감책으로는
백② 정도가 있음을
설명한 바 있는데,
이 수로는…

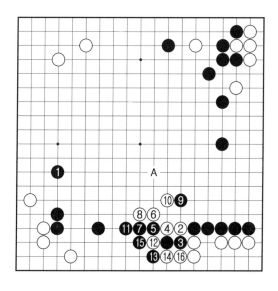

백②로부터 젖혀 나오
는 강렬한 수단이 있
다. 백⑯까지 활용한
후 A로 둔다면 이 백
은 더 이상 공격할 수
없다. 이 곳이 폭파되
어 버리면 흑은 집부
족이다.

눈에 잘 안 뜨이는 중앙의 요처, 꼬부림

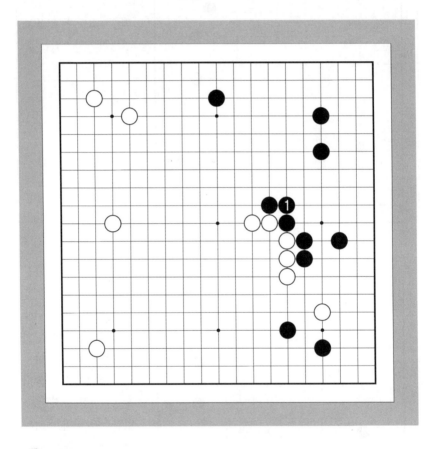

⬤ 둘 차례

확장의 요처가 다른 형태로 나타나는 경우가 있다. 흑❶로 이은 장면이다. 이때에 전국의 흐름을 주도하는 요처가 있다. 결국은 대치하는 곳의 확장선 이며, 포위선이자 작전선인 셈이다.

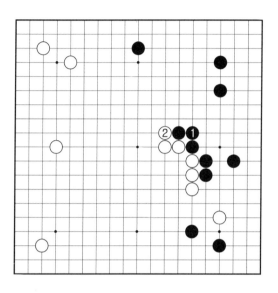

두텁게 백②로 꼬부리
는 한 수이다. 이 곳
이 왜 중요한가?
백②의 위력은 좌상귀
로부터 좌변에 이르는
백의 진영을 상변 쪽
으로 포위선을 구축하
여 보호하고 있으며,
상변 흑진영의 확장을
견제하고 있기 때문이
다.

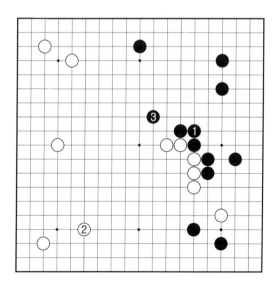

물론 백②의 굳힘도
크지만 흑❸을 당하게
되면 흑진영은 확장되
고 백진영은 위축되고
만다.

눈에 잘 안 뜨이는 중앙의 요처, 꼬부림 2

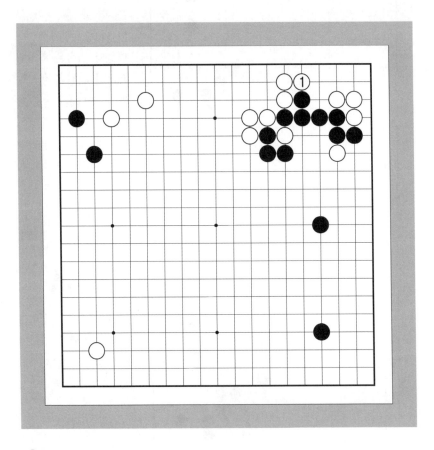

● 둘 차례

백①로 우상귀의 정석이 일단락된 장면이다. 확장의 요처를 찾아보기 바란다.

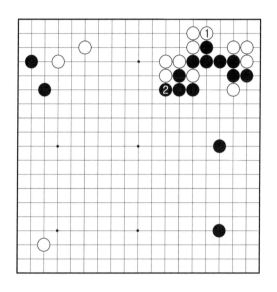

흑❷의 곳을 백에게 밀릴 수는 없다. 힘겨루기가 벌어지고 있는 확장의 요처이기 때문이다.

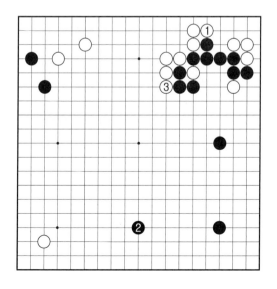

흑❷의 곳도 큰 곳임에는 틀림없지만 전체 흑진영의 확장은 백③의 곳이 빠져서는 의미가 없다.

근거와 안형은 가장 먼저

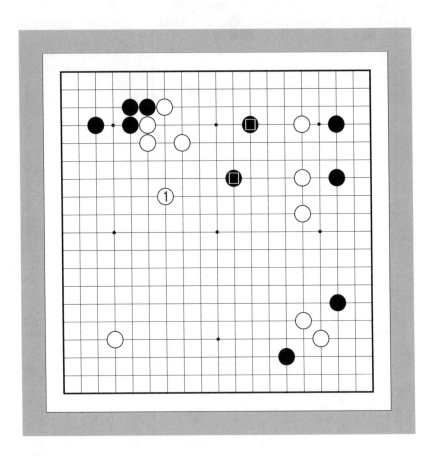

● 둘 차례

백이 ①로 크게 비상하여 중앙의 제공권을 장악하려는 장면이다. 상변의 흑 ● 두 점이 백의 공격권에 들어 있어 수습이 만만치 않다. 어떤 행마가 좋겠는가?

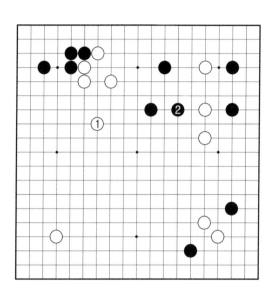

흑은 빨리 안정하는
것이 최선이다. 흑❷
는 안형의 급소에 해
당하는 곳이다.

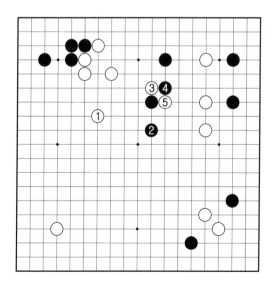

흑❷로 단순히 달아나
는 것은 ③, ⑤로 절
단되는 수가 있다. 주
변의 백이 강하므로
함부로 행마할 수 없
는 것이다.

현대의 정석은 이 수까지

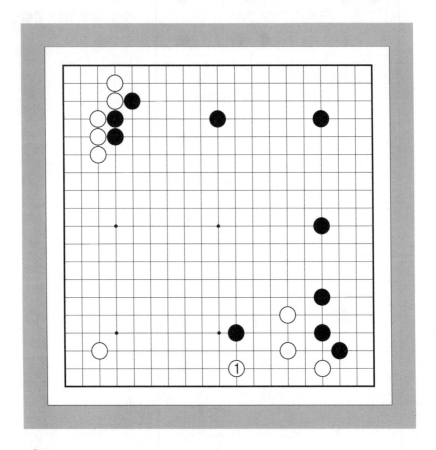

● 둘 차례

백①로 우하귀의 정석이 완료된 장면이다. 흑은 상변에서 우하에 이르는 진
영을 확장할 필요가 있다. 어디부터 시작해야 할 것인가? 정석 이후의 정
석이라 할 수 있다.

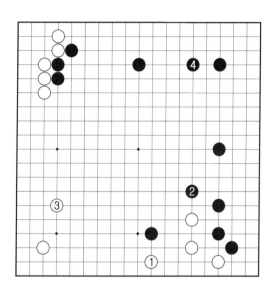

흑❷는 정석 이후의 정석이라 할 수 있는 확장의 요처이다. 이 곳을 백에게 빼앗기면 확장선의 균형이 무너진다.

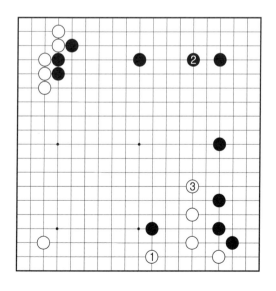

확장의 시작 단계에 완성을 서두르는 것은 조급하다. 흑❷의 곳을 먼저 두면 백에게 ③의 요처를 선점당하여 흑진영은 볼품 없이 위축된다.

▌ 요처의 수순이 틀린다면

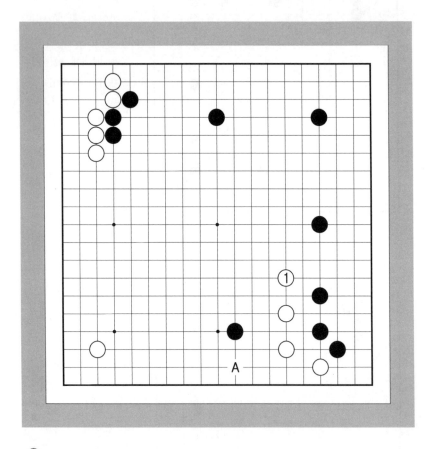

● 둘 차례

백은 급처(急處)인 A의 곳을 두어 정석을 마무리해야 옳았다. 그러나 욕심을 부려 요처(要處)인 백①로 확장을 먼저 시도하는 것은 무리이다. 그 이유는 무엇이며, 흑은 이것을 어떻게 응징해야 하나?

Hint ➡ 포석은 급처(急處)→요처(要處)→대처(大處)의 순으로…

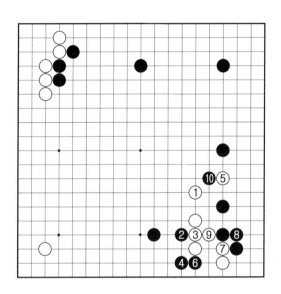

정해

흑은 즉시 ❷, ❹로 백의 뿌리를 위협하여 공격하는 것이 좋다. 백⑤는 무리한 수로 흑❿의 반격으로 백은 양곤마의 상황을 초래하여 파멸을 맞이한다.

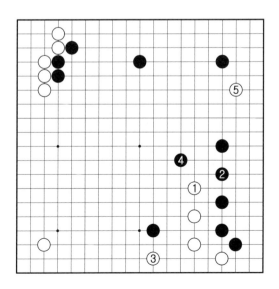

실격

대개는 흑❷로 응수할 것이다. 뒤늦게 흑❹로 확장을 시도하는 것은 폭이 좁으며, 백⑤로 침입당하게 되면 흑은 집부족이 된다.

▌ 후방차단의 좋은 예

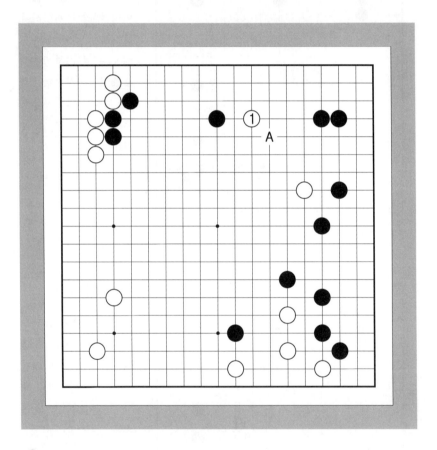

● 둘 차례

앞 문제의 연속인데 백①의 갈라침은 무리가 있다. A쯤이 무난했을 것이다.
이 백의 무리를 강하게 추궁하고 싶은 장면이다.

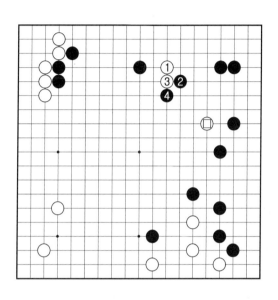

상대방 급소가 나의 급소

흑❷, ❹로 백⬜와의 연결을 차단하여 공격 하는 것이 가장 강력 하다. 백은 양쪽을 수 습해야 하는 진퇴양난 의 위기가 왔고, 이로 써 주도권은 흑에게 넘어왔다.

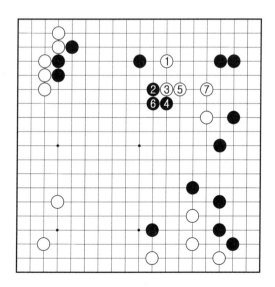

자기 진영으로 몰아 공격하려는 것은 전략 부재이다. 이하 백⑦ 까지 연결되면 더 이 상 공격이 되지 않아 흑진영만 파괴된 꼴이 다. 이 백은 쉽게 잡 히지 않는다.

포위선을 찾아라

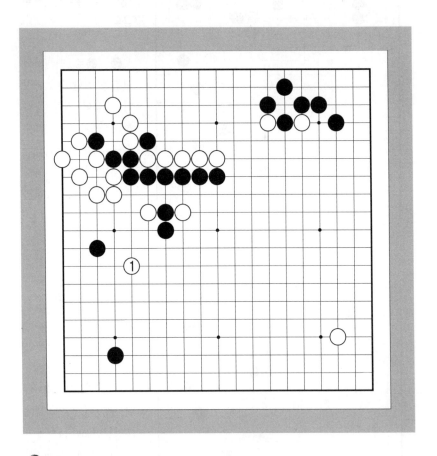

● 둘 차례

좌상의 접전이 끝나고 백이 ①로 포위선을 돌파한 장면이다. 그러나 국면에
는 아직 백①의 가치에 버금가는 요처가 남아 있다.

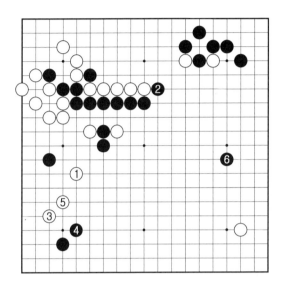

흑❷가 포위선의 머리
에 해당하는 요처이
며, 백③, ⑤가 불가
피할 때 흑❻까지 전
개하여 확장을 시작할
수 있다. 이 흑❷와
❻의 두 수로 인하여
만들어진 우상 방면의
흑진영은 전국을 압도
하고도 남는다.

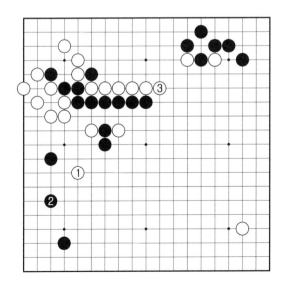

실 격

대부분의 사람들은 흑
❷의 곳을 큰 곳(大
處)으로 생각할 것이
다. 그러나 대처(大
處)보다는 요처(要處)
가 포석의 우선 순위
로 백이 ③으로 머리
를 내밀게 되면 흑진
영의 규모는 크게 위
축되고 만다.

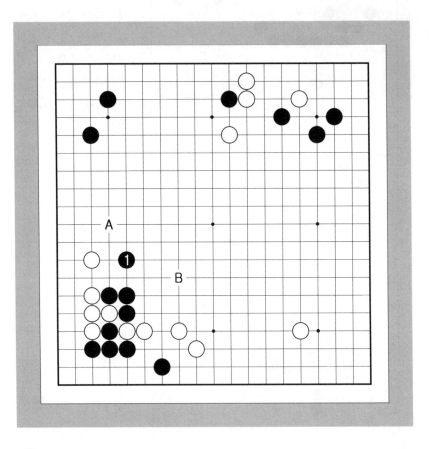

● **둘 차례**

흑❶로 좌하귀의 정석이 완료되기 직전이다. A, B로 두어 완료하기 전에 백은 하변, 우하귀의 백진과 우변의 미개척지를 고려하여 전략을 세워야 한다.

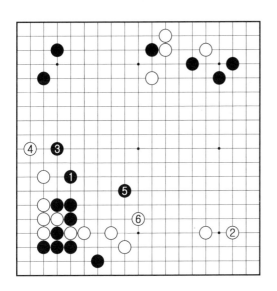

먼저 백②로 굳힌 다음 흑의 태도를 묻는 것이 수순이다. 흑❸은 필연이며, 이를 기다려 백④로 정석을 완료하여 백⑥까지 하변을 지키는 수순을 얻을 수 있다.

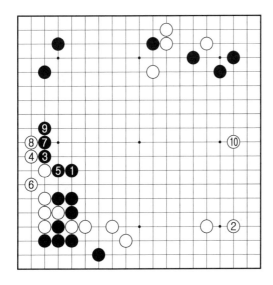

정해의 변화

백②에 대해 흑❸으로 압박하면 좌변의 백모양이 납작해지는 것은 감수해야 한다. 그 대가로 백은 ⑩의 큰 곳을 차지할 수 있으므로 밑지는 장사가 전혀 아니다.

228

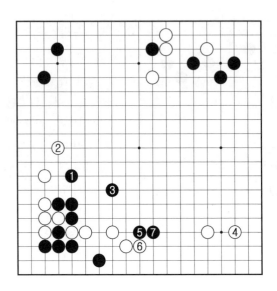

 실 격

앞에서의 정해의 변화
가 싫어 백②로 정석
을 그냥 완료하는 것
은 백④의 굳힘에 흑
❺, ❼의 압박을 받아
하변이 위축된다. 수
순이 바뀌었기 때문이
다.

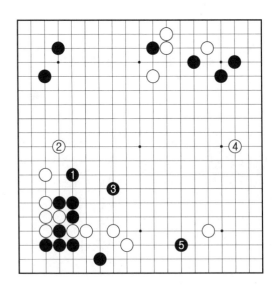

실 격

백④로 우변을 탐하는
것은 흑❺의 침입에
대안이 없어 무계획한
진행이다.

차단의 위력

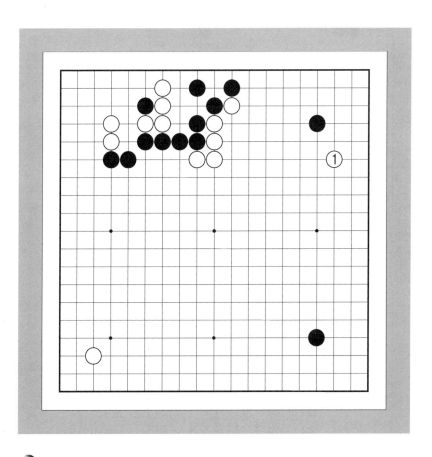

● 둘 차례

백①로 걸쳐온 장면이다. 상변의 백이 아직 안정된 모습이 아니므로 초반에
주도권을 잡을 수 있는 절호의 기회가 흑에게 왔다.

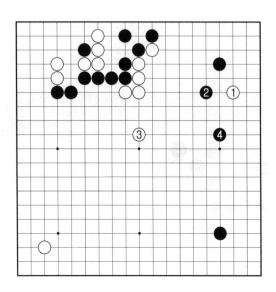

흑❷로 일단 분리해야
한다. 백이 ③으로 달
아나지 않을 수 없을
때 흑❹로 백 한 점을
크게 포위하여 주도권
을 잡을 수 있다. 상
변 백은 아직도 흑의
공격권에서 벗어나지
못했다.

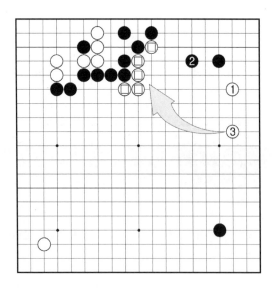

흑❷는 일반적인 정석
임에는 분명하지만 이
경우에는 주변과 호응
하지 않는다. 백③의
안정은 상변에 백▣의
5점을 간접적으로 지
원하고 있다.

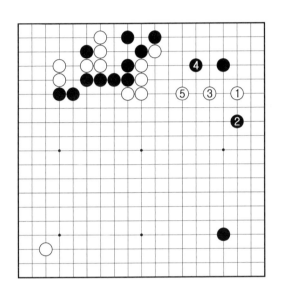

흑❷의 협공은 방향
착오이다. 백③, ⑤로
뛰게 되면 상변의 백
과 연결되어 오히려
백을 세력화시켜 주는
이적행위이다.

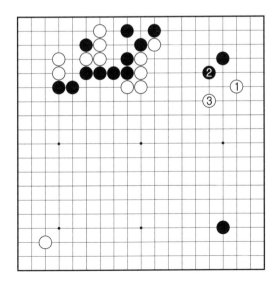

흑 완만

흑❷도 생각할 수 없
는 것은 아니지만 느
슨하다. 백은 ③으로
연결을 시도할 수 있
다.

▌ 궁간 포위의 수순

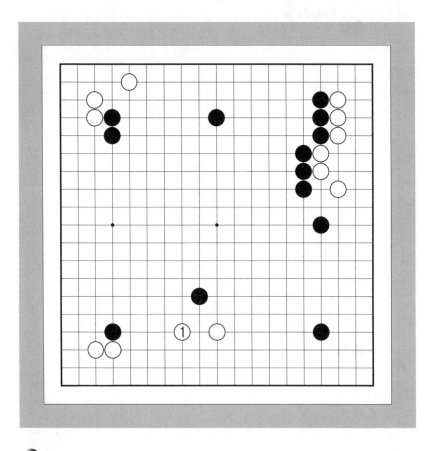

● 둘 차례

백①로 지킨 장면이다. 흑의 모든 돌들이 중앙 쪽의 공간을 포위하고 있음
을 염두에 두고, 그 다음 흑의 전략을 세워보기 바란다.

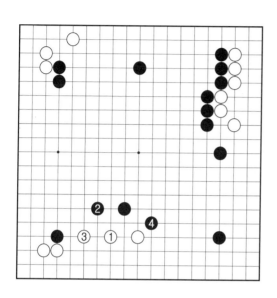

우선 흑❷에 뛰어 좌
하귀 백의 확장을 약
화시킨 후 흑❹로 계
속 포위선을 구축하는
것이 수순이다.

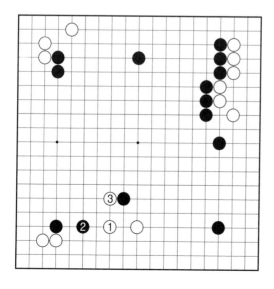

흑❷로 분리공격을 시
도하는 것은 무리이
다. 백은 ③으로 붙이
는 역공을 시도하여
좌하의 흑을 위협하며
자연스럽게 중앙을 돌
파할 것이다.

요처의 수순과 5선의 활용

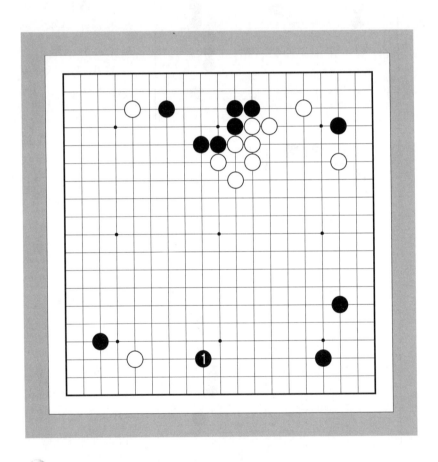

● 둘 차례

흑❶로 협공한 장면이다. 흑의 의도는 빠르게 기동하여 집으로 앞서려는 것인데, 백은 이를 거부하고 넓은 구도로 가야 할 것이다.

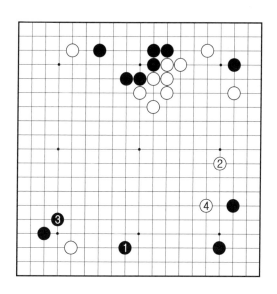

정 해

백②의 곳이 확장선의 분기점이다. 흑❸으로 추궁하면, 또 거부하여 백④로 계속 넓게 확장을 진행한다. 상변 세력은 이렇게 호응시키는 것이다.

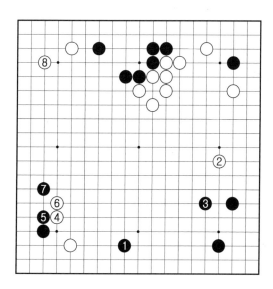

변 화

흑이 ❸으로 백의 확장을 견제한다면 백은 좌하를 압박한 뒤 백⑧로 지켜 만족이다. 이 수순이라면 백은 ②의 곳을 거저 얻은 셈이 된다.

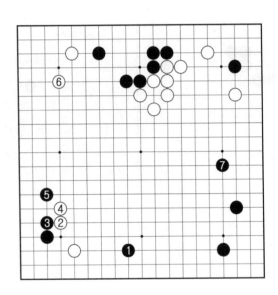

원래 흑의 의도는 빠르게 기동하여 흑❼의 곳을 차지하려는 것이다. 이 진행이라면 상변 백의 세력은 빛을 잃게 된다.

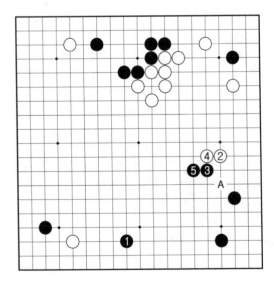

약점이 남는다

흑은 ❸으로 저항할 수도 있다. 현대적 감각이라 할 수 있는데, 흠이라면 A의 약점이 거슬린다는 것이다.

▌간접적인 확장전술

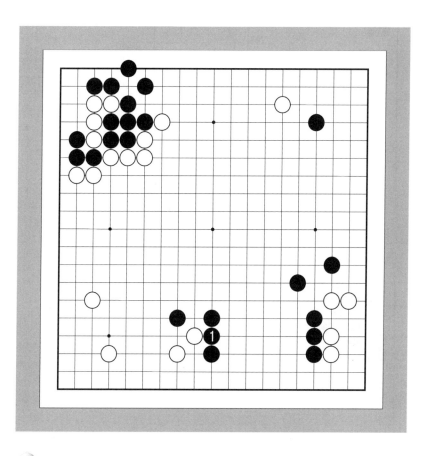

● 둘 차례

흑❶로 이은 장면이다. 백은 좌변을 확장할 수단을 찾아야 한다.

238

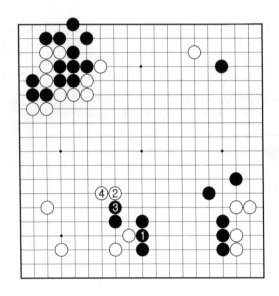

정 해

백은 ②로 흑의 단점
을 위협하며 확장하는
것이 바람직하다. 그
이유는 다음의 진행을
보면 알 수 있다.

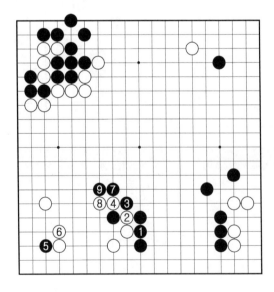

실 격

백②, ④로 무모하게
끊으면, 흑❾까지 반
대로 흑을 확장시켜
주는 꼴이 된다.

▌ 어느 쪽이 맞을까?

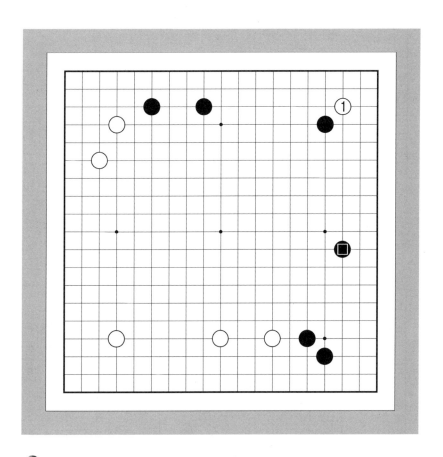

● 둘 차례

백이 초반에 단신으로 3·三에 들어온 이유는 백의 응수 여하에 따라 삭감의 방향을 결정하려는 의도이다. 흑이 막을 방향을 선택하려면 흑●의 위치를 잘 고려해야 한다.

240

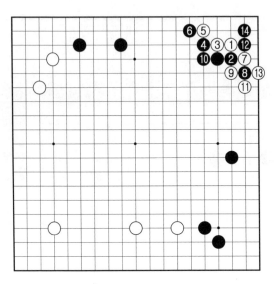

 정 해

흑❷로 막는 것이 득
이다. 백도 이 진행을
선택하는 편이 옳은
데, 이 결과는 상변
흑진영이 좁기는 하지
만 견고하며, 우하귀
도 아직 건재하여 불
만이 없다.

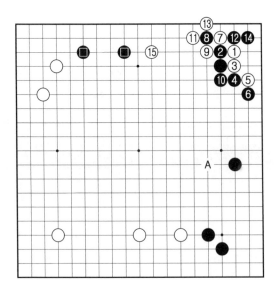

 실 격

흑❷로 막는 방향은
흑에게 손해이다. 이
결과는 백⑮로 상변
의 흑■ 2점이 압박
을 당하게 되므로 A
의 삭감을 백에게 허
락할 수밖에 없어 불
만이다.

▌ 이 행마는 기억해야 한다

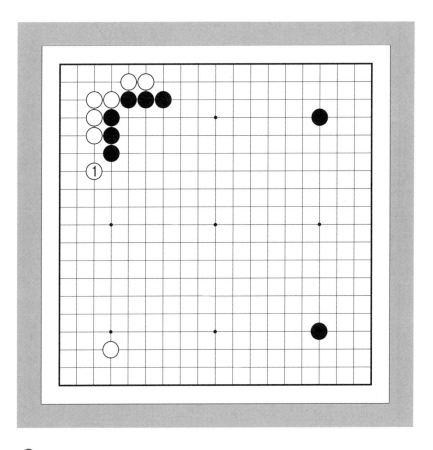

● 둘 차례

백①로 좌상귀의 정석이 일단락되었다. 흑은 다음의 선택을 신중하게 고려할 필요가 있다. 우변이 지금 2연성의 포진이기 때문이다.

242

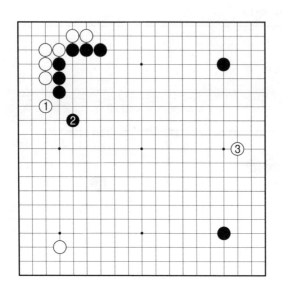

흑❷는 정석 이후의 정석이라고 보는 것이 좋다. 3연성도 좋지만 이렇게 서로 경합하는 곳은 요처이기 때문이다. 물론 ③의 곳은 백에게 허락할 수밖에 없다.

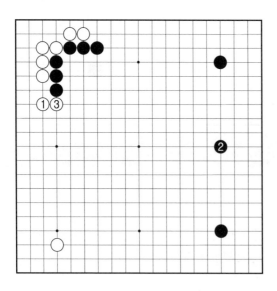

3연성에 매력을 느끼는 것도 좋지만 백③과 같은 곳을 밀리게 되면 훗날 3연성이 상대의 두터움에 얼마나 허약한 것인지를 알게 될 것이다.

▌ 접근의 방향과 확장의 방향은 일치한다

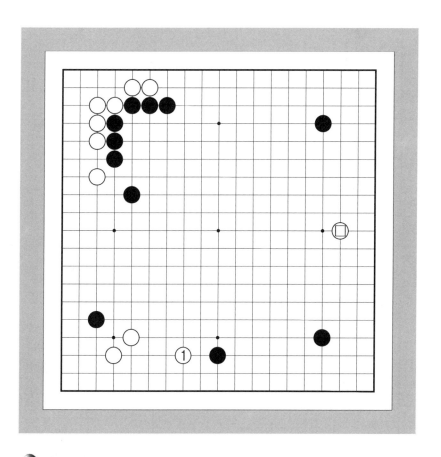

● 둘 차례

앞 문제의 계속이다. 백이 ①로 지키면 흑은 백◻의 공략방법을 생각해야 한다. 어느 방향의 접근이 옳을까?

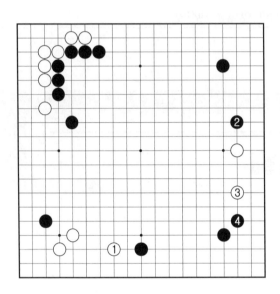

정 해

흑❷ 쪽의 접근이 옳은 방향이다. 좌상의 흑세력이 호응하기 때문이다. 흑❹까지 이 백의 안전을 위협하며 진영을 확대시키는 것이 보다 능률적이다.

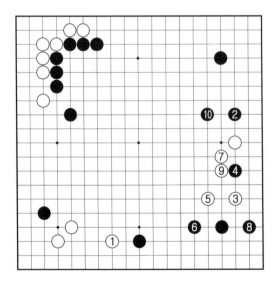

변 화

백이 한 칸 더 벌리면 (백③) 흑❹의 침입이 능동적이다. 흑❿까지 진행된 결과를 보면 흑은 우하귀를 굳혔고, 상변 흑진영의 확장에는 큰 지장이 없다.

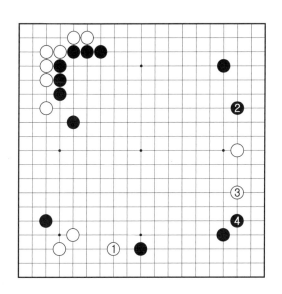

완만

흑❷는 얼핏 효율적으로 보이는 듯하지만 박력이 부족하다. 백에게 덜 위협적인 것이다.

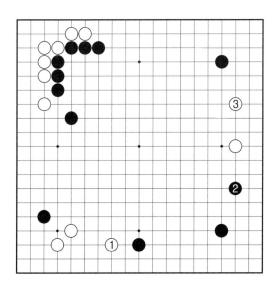

흑❷의 접근은 방향 착오이다. 백은 ③으로 안정하면서 자연스럽게 흑의 세력을 삭감할 수 있기 때문이다.

공격의 목적은 포획이 아니고, 이득이다

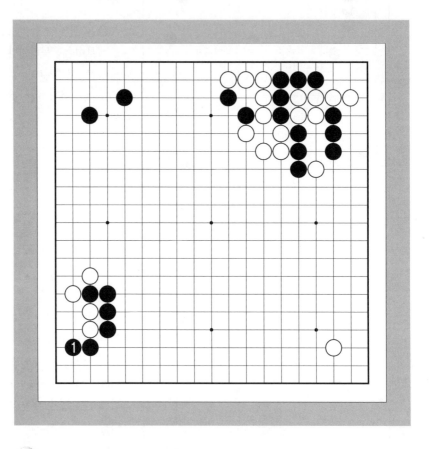

⚪ 둘 차례

흑❶로 귀가 일단락되었다. 당연히 백의 초점은 우상 방면의 흑에게 가게 되는데, 이 흑을 어떻게 공략하는가에 주도권의 향방이 결정된다.

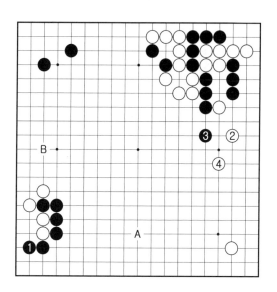

백은 ②로 근거를 방해하며, 추격하는 것이 좋다. 흑을 추격하며 얻는 소득은 A와 B의 선택권이 백에게 있다는 것이다.

흑 위험

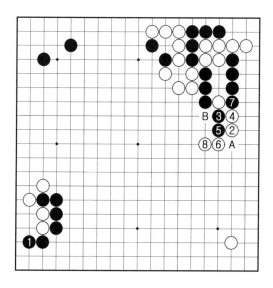

흑❸, ❺, ❼의 반발은 역효과를 부른다. 백⑧로 뻗은 힘은 생각보다 위력적인 것이다. 흑A의 절단은 백 B의 조임이 있어 위험하다.

248

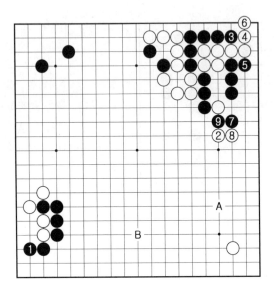

백②는 언뜻 정답이며
공격적으로 보이지만
실속이 없다. 흑은 **9**
까지 자체 삶을 꾀해
만족이다.

백은 A의 침입이 두
려워 B로 전개할 수
도 없다.

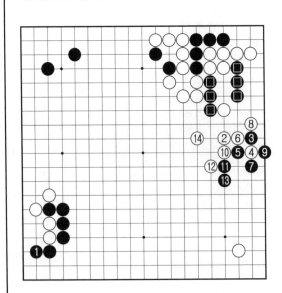

흑의 실격

흑**3**의 수법은 이 경
우 착상에 결함이 있
다. 백은 과감하게
⑭까지 틀을 잡을
것이며, 흑▣ 6점은
자동으로 사망. 우상
의 백집은 50집에
육박하는 의외로 큰
집이다.